西方文明發展的源頭

# 古希臘的智慧

劉潼福、鄭樂平　著

## 西方文明發展的源頭

鄭樂平

**智**慧沒有童年。有人將古希臘哲學喻為哲學的童年，因為西方哲學正是從希臘哲人那兒發展而來的。

然而，從智慧的角度來看，本沒有什麼童年、青年、中年、老年之分。智慧既在時間之中，又在時間之外，它往往具有跨時空、超時空的意義。

今人在可累積的知識和可計量的硬體方面確實有了長足的進步，但今人的愚昧並未見減少幾許；相對而言，古希臘人在學問和人生諸方面所透露出來的智慧，每每使我們感到汗顏。

當今世界日新月異，變化速度日趨快速。但學問和人生中的大問題並未改變多少，因為人類飲食男女之生理需要和求真、求善、求美之心理需要並未改變。所以有人認為西方整個一部哲學史就是與柏拉圖對話的歷史。這話雖有點誇大，但也不無道理。

與古人對話，實際上是在重新發現自己、認識自己，那麼將古人在知與行中所體現的種種外顯和內隱的智慧抽繹出來，就並非勞而無功了。

古希臘民族是個愛智慧的民族。他們為此而生，他們也可以為此而死。蘇格拉底終年披著破衣爛衫，毫不介意，卻孜孜以求「認識自己」；泰勒斯放著近邊的事不顧，而忙於「遠觀

天象」；阿基米德在大軍壓境，死到臨頭之際，還有滋有味地在沙土上演算著幾何題。他們可以為了澄清一個問題而通宵達旦；他們也可以為了一個智者的到來而興奮不已，半夜披衣去敲朋友的家門。

希臘人將世界展現為可用理性來把握的東西，所以），他們「遠觀天象，近取諸身」，一心想把握隱藏在事物背後的「邏各斯」（Logos 或作羅格思，古希臘哲學、西方哲學，基督教神學的重要概念；類似中國老子所說的「道」）。不過「邏各斯」本身又是達到這一目的的工具，因為「邏各斯」的另一層涵義就是「語言」和「理性」。這樣，運用語吉和理性的過程也就成了認識「邏各斯」的過程。反觀中國老子的「道」，它不是通過語言和理性得以認識的，而是文須借助於直覺和悟性加以把握的。因此，「邏各斯」和「道」也就成了西方文化和東方文化的不同標誌。所以，有人稱古希臘以來的西方文化奉行的是「邏各斯中心主義」。

古希臘智慧的一個重要方面就體現在這種理性精神之中。在這種理性精神的支配下，古希臘的各門知識得到了發展。因而現代西方人的種種學科，如哲學、歷史、物理學、生物學、醫學、倫理學、政治學、修辭學、詩學等等都可以在古希臘找到源頭。

古希臘的智慧不僅體現在對抽象知識的追求中，同時也體現在神話、藝術和日常生活之中。

他們的神話異常豐富，處處透露著機趣。它們將神人化了，神具有人一般的七情六慾。所以神話表面上講的是神，實際上反映的是人的情感，是對天道人理的一種形象化的、想像的描繪，從而使他們得以「詩意地柄居於這片大地。」（荷爾德林語）

在他們的藝術作品，如音樂、雕塑、繪畫、悲劇、喜劇中也蘊含著種種智慧，其中最突出的是他們的悲劇。古希臘的悲劇精神與東方文學、戲劇作品中所常常流露的出世和厭世的悲觀和傷感不同，其意義更多地在於對人及命運的思考，以及歌頌悲劇英雄對不可抗拒之命運的抗拒。所以尼采將古希臘悲劇稱為「肯定人生的最高藝術」。

在此作者不想一一列數古希臘人在知與行中所蘊含的種種智慧，因為這正是正文所要揭示的。

我們還想說明的是，由於本叢書的宗旨，我們主要擇取的是古希臘文化中與智慧有關，並富有智趣的文獻材料，而與此無關的材料則不在選擇範圍之內。當然，圍於我們本身的智慧和水平，取材失當，或者忽略了那些更富有智趣的材料，是在所難免的。

古希臘文化是一個涉及面非常廣的文化，我們這本小書只是管窺所及的一點感想，能否將古希臘民族在知與行中的獨特智慧揭示出來，還須由讀者和專家評判了。

在此，我們感激顧曉鳴先生，承他的美意和支持，使我們有機會向讀者獻上這麼一本小書。願此書能夠給予讀者某些啟迪和快樂，並祈望讀者和專家能夠不吝指教。

# 目錄 CONTENTS

前言 FOREWORD　　　　　　　　　　　　　　　　003

## Chapter 1　智慧的源頭　　　　　　　　　011
・古希臘之「道」　　　　　　　　　　　012
・至高無上的求索　　　　　　　　　　　015
・無字的真諦　　　　　　　　　　　　　017
・尋覓無形的「父母」　　　　　　　　　020
・知事為明智　　　　　　　　　　　　　023

## Chapter 2　發現自我　　　　　　　　　025
・人究竟是什麼？　　　　　　　　　　　026
・「認識你自己」　　　　　　　　　　　031
・尋找另一半　　　　　　　　　　　　　035
・人生鳥瞰　　　　　　　　　　　　　　038

## Chapter 3　五彩的人性　　　　　　　　041
・人性是律法的依據　　　　　　　　　　042
・獨一無二的妙辯　　　　　　　　　　　044
・人類自古愛美人　　　　　　　　　　　047

・七情生百媚　　　　　　　　048
・哲人與女人　　　　　　　　051
・與天命爭人理　　　　　　　053
・習慣乃是君主　　　　　　　056
・生與死的洞見　　　　　　　060

**Chapter 4　誰主沈浮**　　　063
・神奇的命運　　　　　　　　064
・政論家的幸福　　　　　　　068
・移位的良心　　　　　　　　072
・追問人生和命運　　　　　　076

**Chapter 5　悲歡的啟示**　　081
・天堂似的愛，地獄般的恨　　082
・快樂之道　　　　　　　　　086
・愛情的離合　　　　　　　　090
・回歸自然，尋找歡樂　　　　093
・操持閑暇的藝術　　　　　　097
・以理性應對一切不幸　　　　100
・哲學王與王哲學　　　　　　101

**Chapter 6　意義和價值的追尋**　105
・人人滿意的苦惱　　　　　　106
・永遠失望的希望　　　　　　107

· 潘朵拉的魔盒 109

· 悲壯的社會，三色的旋律 111

· 存疑與恬靜 116

· 感動上帝的真情 117

**Chapter 7　綠色的機趣** 119

· 「無知之知」 120

· 嘲笑與真理 121

· 心靈的生殖 125

· 赤裸的智慧 128

· 機智與簡潔 130

· 和諧：宇宙的旋律 132

· 哲人的幽默 133

**Chapter 8　奇異的主宰** 135

· 無權的領導 136

· 三登雅典寶座 140

· 貝殼上的民主 142

· 湮沒的人權種子 145

· 無為和有為 148

**Chapter 9　永不消逝的童年** 151

· 詩與真 152

· 音樂寓言 154

・神話的機趣    156
・伊索的寓言    159
・飲酒談天會    163

## Chapter 10 新世界的雛形    167

・淺入深出    168
・思維的祕縫    171
・沐浴的靈感    176
・科學智慧的種子    179
・人體中的宇宙    183

## Chapter 11 道德的變奏    187

・以錯對錯的妙用    187
・家醜不得外揚    190
・中庸即美德    192
・善與智的主宰    195

## Chapter 12 制勝的謀略    199

・特洛伊的木馬    200
・定勢中的隨機心術    203
・反常規的計謀    205
・誘敵深入    209
・馭水之智    212
・「騙人」的狡智    216

・吞錢的手腕　　　　　　　　217

**結束語**　　　　　　　　　222

# Chapter 1
# 智慧的源頭

西方文明史,源必稱希臘。

古希臘的智慧是西方智慧的縮影,西方文明的各種形式,在古希臘的文明中都可以找到胚胎、種子、雛形和範本。古希臘文明的這種重要地位,主要出自於古希臘智慧富有探索和開拓的特性;它不僅是後世的源泉,而且本身就是一種不斷探索源頭的智慧。

「路漫漫其修遠兮,吾將上下而求索。」

古希臘的智慧是一種「認識的激情」,這種「認識的激情」就是想了解隱藏在宇宙萬物背後的「邏各斯」,就是想說出「真理」。

他們「遠觀天象,近取諸身」,汲汲以求「認識自己」,就是為了探究支配著萬事萬物的「邏各斯」,就是為了說出「真理」。

所以,古希臘的哲人是一個上下而求索的探問者。

然而,古希臘人主要是借助於理性和語言來探究邏各斯,說出「真理」的。這就形成了他們獨特的智慧思路,與東方民

族主要是通過直覺和悟性來悟「道」形成鮮明的對照。希臘人這種獨特的智慧思路成了西方文化的一個明顯表徵。

# 古希臘之「道」

打開古希臘文化的長卷，從五彩繽紛的智慧底色中，以最深邃、古樸、神祕的風格凸現出來的奇景，就要算是「邏各斯」了。

邏各斯不像藝術、詩歌和神話那麼富有生動、美妙和感性的吸引力，但邏各斯卻是古希臘人追索生命之本的最深智慧。

一個人的兒童時代，在對周圍事物憑感覺去接觸和熟記的同時，常常會對它們的出現和由來感到奇怪。每個人的童年多少有過這種追尋奇妙根源的感覺。但是有些人抓住了這些感覺，鍥而不捨，終於成為科學的偉人奇才；而更多的人則沒有抓住這種感覺，不會開發這種感覺，平平庸庸地等待著現存的答案，終於一生碌碌無為。

愛智慧的古希臘民族，無疑是抓住了這種靈感的人類童年。邏各斯就是古希臘人探索這種神祕靈感的智慧記載。最早提出邏各斯的是古希臘愛非斯城的赫拉克利特（前 540-前 480）。他是一個神祕的人，出身貴族，在愛非斯城有著顯赫的地位。但他放棄了這種世俗的高貴，隱居山中，追索著關於世界的奇妙智慧。智慧支撐了他的信念，同時也給予他狂妄；他看不起世人，認為像他這樣優秀，抵得上一萬個平庸之輩。

正如兒童的智慧常常會以一種奇特的方式表現一樣，古希臘的邏各斯也借助於奇特的赫拉克拉特而被提了出來。它與中國的「道」具有相類似的意義。

·赫拉克利特（前 540-前 480）

　　「邏各斯」與「道」可以說象徵著兩種精神：一種是以古希臘哲學為源頭的西方精神；一種是以中國老莊哲學為開端的東方精神。在本原上兩者相通，但其追求的方式不同。

　　邏各斯得通過理性、語言說明；進而言之，邏各斯就是理性，就是語言。

　　道須通過悟性、直覺把握，「道可道，非常道；名可名，非常名。」所謂「言語道斷」，講的就是這個意思。

　　基督教《聖經》開門見山的一句話是：「太初有道。」這個道（Word）就是語言。所以儘管基督教有其神祕的一面，但其訴諸理智、訴諸語言來認識上帝之道的精神與古希臘精神還是相通的。

赫拉克利特是這樣描述「邏各斯」這個概念的——

「這個邏各斯雖然常在，人們在聽說它以前和聽到它時卻老是不能理解。一切事物都按這個邏各斯發生著，但是我在分別每一事物的本性並說明它如何如此的那些話語和舉止，人們在加以嘗試時卻顯得沒有體驗。另一些人對他們醒著時所做的茫然，就像忘了他們在睡夢中所做的那樣。」

這段話與老子的「道可道，非常道」有著驚人的相似之處。關於邏各斯，赫拉克利特還有下述的幾種說法：「必須遵守這個共同的東西。儘管邏各斯乃是共同的，但許多人卻以自己的智慮生活著似的。」、「如果不聽從我而聽從這個邏各斯，就會一致說萬物是一，就是智慧。」上述這些話與老子的「道生一，一生二，二生三，三生萬物」亦有異曲同工之妙。

不過赫拉克利特認為，人對邏各斯必須通過理性思想來加以認識。「思想是最大的優點，智慧就在於說出真理，並且按照自然行事，聽自然的話。」「智慧只在於一件事，就是認識那善於駕馭一切的思想（即邏各斯）。」

正是基於這一點，赫拉克利特嘲諷了那些被眾人視為充滿智慧的人，如荷馬、海西奧德、畢達哥拉斯等人，認為他們的「博學」頂多是一些「對可見事物的認識」而已，並沒有透過那些可見事物而把握隱藏在它們後面的邏各斯。他風趣地用荷馬臨終前沒有猜出捉虱子的小孩出的謎語來嘲弄他們：「什麼是我們看見、抓到而又扔掉的東西？什麼是我們沒有看見、沒有抓到而又帶著的東西？」赫拉克利特在這裡說了一個隱喻：人們看見邏各斯的顯現，卻沒有去理解它，把它扔掉了；同時

那沒有被看見和抓住的邏各斯，依然和我們相伴隨。

赫拉克利特這種試圖通過理性、思想來把握邏各斯的做法成了以後西方一種具有代表性的探索本原之精神。

然而，道在老子那兒卻是玄之又玄、惟恍惟惚的，是無法用理性、思想來認識的，而只能通過直覺和悟性加以把握。所以自老子以後，並沒有人對道說清過。

但無論如何，探尋邏各斯與追索道都是每一個具有人類一般智慧的人昇華為「智者」的重要表徵。

# 至高無上的求索

「為知而求索」在古希臘一些智慧之士那兒卻成了一種至高無上的行為，他們為此開拓的道路和成果進而成為西方科學精神的源頭。

亞里斯多德是這樣解釋哲學思考（包括科學研究）的本性和目的的：「如若人們為了擺脫無知而進行哲學思考，那麼，很顯然他們是為了知而追求知識，並不以某種實用為目的。當前的事情自身就可作証。可以說，只有在必需品全部備齊之後，人們為了娛樂消遣才開始進行這樣的思考。我們追求它並不是為了其他效益，正如我們把一個為自己、並不為他人而存在的人稱為自由人一樣。在各種科學中唯有這種科學才是自由的，只有它才僅是為了自身而存在。」（《形而上學》）

這種為知而求索的精神在古希臘的有些哲學家身上竟然成為生命的第一需要。有幾則小故事很好地說明了古希臘人這種孜孜以求的精神。

第一則講的是哲學家泰勒斯的故事。

　　一個夏日的夜晚，天氣非常悶熱，不少人都坐在曠場上乘涼。這時，泰勒斯仰面朝天，慢慢地向曠場走來。由於他一心一意地仰頭觀察著天上的星辰，不慎掉進一個土坑裡。這時一個饒舌的傢伙當眾嘲笑泰勒斯道：「你自稱能夠認識天上的東西，卻不知道腳下面是什麼。你研究學問得益真大啊！跌進坑裡就是你的學問給你帶來的好處吧！」這一挖苦引來周遭人的一陣哄笑。泰勒斯從坑裡爬了上來，撣去身上的泥土，鎮定地回答這個饒舌漢：「只有站得高的人，才有從高處跌進坑裡去的權利和自由。像你這樣不學無術的人，是根本享受不到這種權利和自由的。沒有知識的人本來就躺在坑底，怎麼會有機會從上面跌進坑裡呢！」泰勒斯這番機智的反駁，說得那位饒舌漢臉一陣紅、一陣白，好不尷尬，其他一起哄笑的人也頓然鴉雀無聲。

　　關於泰勒斯，亞里斯多德的《政治學》中還記載了這樣一則趣聞：人們因為泰勒斯的貧窮寒酸而譴責哲學一無用處。泰勒斯決心找機會駁斥這種說法。

　　有一次，他通過觀察星象，預見到來年將有一個橄欖大豐收年，因而早在冬季時，他就湊集了一小筆本錢，賃入了米利都和開俄斯島的全部橄欖榨油作坊。由於大家不知情，無人與他競爭，所以租金十分便宜。到了來年，果然橄欖獲得大豐收，人們紛紛要求租用油坊。這時，泰勒斯轉而用高價出租這些油坊，結果大大賺了一筆錢。他以

此表明，哲學家要富起來是極為容易的，如果他們想富的話。然而，這不是他們的興趣所在。他們的興趣在於追求知識，在於用自己的智慧去探索自然界的奧祕。

另一則故事是有關阿基米德這位古代科學家的故事。

傳說羅馬人在攻克西那庫斯城時，一個羅馬軍人在劫掠途中，遇見一位老人正潛心研究他畫在沙地上的圖形。那羅馬人命他立刻去見羅馬將領馬賽拉斯。阿基米德不肯去，希望等他先把結果算出來。那軍人不為所動，立即把他給殺了。馬賽拉斯聞訊深表遺憾，曾盡其權力之所能安慰死者的家屬，同時為他建立了一座漂亮的墳墓，且根據這位數學家的遺願，在墓上雕刻了圓柱中盛有球體的圖像。因為在阿基米德看來，他發現了求這些圖形的面積與體積的公式是他一生中最大的成就。他的看法的確不錯：為幾何學增添一條定理，確比一個城市的攻防對人類更有貢獻。

畢達哥拉斯也有一段關於為知而求索的精彩論述：「生活就像一種遊戲。一些人來是為了競賽，另一些人來是為了做買賣，而最好的是來做旁觀者。與此相似，具有奴隸氣質的人一生孜孜以求名利，而具有哲學頭腦的人則尋求真理。」

## 無字的真諦

柏拉圖在《斐德若篇》中借蘇格拉底之口講了這樣一個故

事：埃及有一個古神，名叫圖提，他首先發明了數目、算術、幾何和天文；棋骰也是他首創的；尤其重要的是他發明了文字。當時全埃及都受塔穆斯統治。圖提晉見了塔穆斯，把他的各種發明獻給他看，建議他把它們推廣到全埃及。

據說，關於每一種發明，塔穆斯說了許多或褒或貶的話。不過輪到文字，圖提說：「大王，這件發明可以使埃及人受更多的教育，有更好的記憶力，它是醫治教育和記憶力的良藥！」國王回答：「多才多藝的圖提，能發明一種技術是一個人，能權衡應用那種技術利弊的是另一個人。現在你是文字的父親，由於篤愛兒子的緣故，把文字的功用恰恰說反了！你這個發明結果會使學會文字的人善忘，因為他們不再努力記憶了。他們就信任書文，只憑外在的符號再認，並非憑內在的腦力回憶。所以，你所發明的這劑藥只能醫再認，不能醫記憶。至於教育，你所拿給你的學生們的東西只是真世界的形似，而不是真世界的本身。因為藉著文字的幫助，他們可無須教練就可以吞下許多知識，好像無所不知，實際上卻一無所知。還不僅如此，他們會討人厭，因為自以為聰明而實在是不聰明。」

這個故事說明古人已看到了文字的局限性：文字的發明固然給思想的傳播帶來了莫大的方便，但也帶來了記憶力的退化和對書面文字的過分盲信而忽略了詞與現實之間的距離。

同樣，今天大眾文化將我們帶進一個電視化、圖像化的時代，今天的兒童被人們戲謔地稱之為「圖像族」，他們是看著電視，玩著遊戲機長大的，這就造成了不可忽略的負面影響，即讀寫能力的退化，其連帶結果是詩歌和小說等以文字為媒介

的藝術面臨危機。當然這是後話，現在讓我們繼續傾聽蘇格拉底的談論。

蘇格拉底（前 470-前 399）由文字又說到了文章三型：

第一種，是寫出來的文章，這類文章很像圖畫。圖畫描繪的人物站在你面前，好像是活的，但是等到人們向他們提出問題，他們卻板著嚴肅的面孔，一言不發。寫出來的文章也是如此，文字好像有口舌在說話，但是一俟你向它們求教，它們卻只能老調重彈。此外，一篇文章寫出來之後，就一手傳一手，傳到能懂的人們那裡，也傳到不能懂的人們那裡，它自己卻不知道它的話該向誰說，不該向誰說；如果它遭到誤解或虐待，總得要它的作者來援助，它自己卻無力辯護自己、保護自己。

第二種，是說出來的文章，還不失為活思想的活影像。但是如果這種說出來的文章不是心靈的真實流露，而像詭辯家那樣只求能說會道，那只是蹩腳的文章。

第三種，是在心靈中孕育的文章（即思想），這是一個哲人最偉大的一部分。這種文章既有生命，又有靈魂。它是通過言傳身教，寫在學習者心靈中的那種獲致理解的文章；它是有力量保護自己的，而且知道何時宜於說話，何時不宜說話。這是一種認真的耕種，而不是一種消遣。這種文章的作者不會把那些知識寫在紙上，用筆墨做播種的工具。作為小花園式的文章（喻不費多少心力寫就的文章），他偶爾也寫寫，但純屬消遣。可是當他真正寫作時，他就把所寫的看作一種備忘寶庫，既防自己的年老善忘，又備後來的同路人作為借鑒。他會怡然自得地看著自己所耕種的草木抽芽發條。當旁人在別的消遣中尋找樂趣時，他卻寧願守著這種消遣——他畢生的消遣。

但是還有一種比這更高尚，就是找到一個意氣相投的心靈，借助於辯証術，在那心靈中埋下文章的種子。這種文章後

面有真知識，既可以辯護自己，也可以辯護種植人；不是華而不實的，而是可以結果傳種的，在旁人的心靈中生出許多文章，生生不息，使原來那種子永垂不朽，也使種子的主人享受到後人所能享受酌最高幸福。

老蘇可謂深悟「文章」之道，所以經由他的心靈之傳授，才有如此多的弟子（個中包括偉大的詩人哲學家柏拉圖），再傳弟子（個中包括偉大的百科全書式哲學家亞里斯多德），以及一個個哲學流派步其後塵，或「站在他的肩上」。

難怪美國的文化史家威爾・杜蘭不無嫉羨地寫道：「他（蘇格拉底）是一個幸運者：生活而毋需勞作，閱讀而不必寫作，誨人只是興之所至，飲而不醉；不僅死得其時，而且幾乎毫無痛苦。」在他的身上，讀者們也許還能看到孔夫子的影子。

# 尋覓無形的「父母」

人人都明白；給予自己生命的是父母。

但如果有人問你智慧的父母時，你是否同樣明白？你或許會為它們的無影無形而困惑。

人們都希望自己有智慧，可是要怎樣在自己的頭腦中生出智慧呢？智慧不是一種知識，可以從外面學來，撿來，甚至偷來；智慧是在自己的精神中與生命融會一體的東西，非得自己生長出來不可，因此，除非找到自己頭腦中生長智慧的父母，沒有別的辦法。

如何尋找自己頭腦中智慧的父母？古希臘智慧的生長過程就給我們提供了這個答案。它們就是：「驚奇是智慧之母，懷

疑是智慧之父。」

　　柏拉圖曾記述說：蘇格拉底走到哪裡，就有人圍繞他提問。有一天，蘇格拉底來到體育館。那裡正在進行精彩的體育比賽。但人們一看到蘇格拉底，便拋開體育競賽，圍上來聽蘇格拉底辯論。柏拉圖比較各國的特點時寫下了這麼一段話：「埃及和腓尼基喜愛金錢，而我們所在的這一部分世界最顯著的特點是喜愛知識。」

　　古希臘每一個有所貢獻的科學家和思想家幾乎都有許多如癡如迷地追求知識的故事。當他們發現大自然的一個新現象時，就會以百倍的驚奇和興趣，廢寢忘食地去研究，甚至拋棄高官厚祿、舒適幸福的生活，去跋涉於荒原沙灘，寄居於森林石窟。故而最博學的亞里斯多德總結古希臘智慧產生的原因時，把它歸結為「驚奇」兩字。

　　「驚奇」是通過外面世界的變化來激發智慧的一種力量；而「懷疑」是從人心內部的變化來激發智慧的一種力量，它與「驚奇」的作用力正好相反，但作用點卻在一起，因而正如父母的雙重作用一樣，產生出生動立體的古希臘智慧。

　　古老的中國，在先秦時期也產生過這種立體性的智慧，因為當時也有豐富的驚奇探索和懷疑否定。但到了後來，漸漸被聖人的經典一統窒息了，智慧的發展變成迂腐的注經釋解，不敢懷疑，智慧也就失去了生命的活力。而古希臘智慧則一直在「驚奇和懷疑」兩股力量的推動下，成為西方哲學和科學發展的原動力。

　　在古希臘的哲學中，每一個哲學家畢生所探尋的世界本原的理論，無論其如何精論細証，多麼徹底絕對，都會被後來的哲學家所否定。比如當泰勒斯提出「水」是萬物的本原後，他的學生阿那克西曼德就產生了懷疑，他認為世界萬物變幻無

窮，而水的變化有限，用水作萬物的本原，就無法解釋千變萬化的世界，於是他就提出世界的本原是一種無限的東西，他稱為「無限者」。可是他的本原理論提出後，他的學生阿那克西米尼又產生了懷疑，認為「無限者」只是一個抽象的概念，不是具體的所指，應該找到實際存在的「無限者」，於是他提出了「氣」為世界的本原。赫拉克利特又懷疑氣而提出「火」為世界的本原。畢達哥拉斯則懷疑一切實在的本原，提出「數」（主要是一這個數）為世界的本原。如此等等，幾乎每一種新哲學觀點的提出都是對原有哲學觀點的懷疑和否定。

其中最精彩的懷疑，就是當赫拉克利特提出「火」的本原說，並把「矛盾運動」引入其中後，後面的哲學家巴門尼德提出了無矛盾之靜止的「存在」本原說。他的學生芝諾為了進一步証明「存在」的合理，便通過「悖論命題」的矛盾手法，讓人們對赫拉克利特火本原中的運動性產生懷疑，最著名而有趣的就是「追龜辯」與「飛矢辯」，說的是如果承認運動，那麼希臘跑得最快的阿基里斯將超不過在前面跑的烏龜。理由是阿基里斯追上烏龜原來的地點需要時間，而在這段時間，烏龜又會向前爬一段距離；追上這段距離又需要時間……如此往下推理，阿基里斯只能無限接近烏龜，卻不能超出烏龜。同樣，如果承認運動，那麼把飛在空中的箭的時間無限分割下去，最終箭就會不動地停在一個點上。芝諾這一悖論的懷疑力量給後來的哲學辯証法的發展注入極大的生命活力。

總之，無論是「唯物主義」還是「唯心主義」哲學，在自身內部和相互之間都充滿了懷疑和否定的關係。懷疑不斷推進了後面的哲學家超越前面的哲學家。因此，如果說驚奇引出了哲學的智慧，那麼懷疑就給哲學的智慧注入了生命力。

在古希臘降生智慧的這兩種原動力，在近現代西方文化中

不斷擴大、繁衍，使西方文化呈現出迅猛的發展和繁榮。而東方文化則似乎明顯缺少這兩種原動力。

在世界文化交流的今天，我們應認真借鑒西方智慧的特色，尋找我們自己智慧的原動力。

# 知事為明智

知識有兩種，一是事物背後的一般規律，一是個別事物的具體應對。一般學人往往重視前一種知識，而忽視後一種知識。所以儘管學富五車，滿腹經綸，若是涉及具體事物的應對，則往往囊中空空。

這種知識的不平衡，古希臘的哲人也早已注意到了，所以亞里斯多德在《尼各馬科倫理學》一書中特別提出了「明智」這一概念。明智在中文中指的是懂事理、有遠見、考慮周全。所以孔子曰：「知事為明智。」亞氏的解釋也與此相通：「所謂明智，可見之於明智的人。它就是善於考慮對全部生活的有益之事。一個明智的人就是善於考慮的人。考慮可以變事物為對象。所以明智不是科學。明智也不是技術，因為兩者種類不同，良好的實踐本身就是目的。在技術中有意的錯誤，反而顯示技術的高超，在明智中這只能表明德性的低劣。由此我們把節制也稱為明智，因為它保持了明智。它不是一切形式的論斷，只是關於行為的論斷。它不僅僅是一種理性的品質，因為理性品質是可被遺忘的，明智則永遠忘不了。」

亞氏又進一步論道──

明智包括關於城邦的明智和關於個別事物的明智。對

城邦的明智起主宰作用的是立法。不過人們都認為，過著只顧自己的生活之人才是明智。對個別事物須通過經驗才能熟悉。青年人可以在數學上變得智慧，卻不能說是明智，因為他們沒有經驗。明智不是科學，它以個別事物為對象。明智不是理智，理智以定義為對象。能把握個別事物的明智，與其說是科學，不如說是感覺；不過不是某種感官所因有的感覺，而是類似終數學感覺的那種感覺。

亞里斯多德舉了一個例子來說明明智的重要性：有時一個沒有普遍知識的人比有普遍知識的人更能幹。例如，一個人知道瘦肉容易消化，有助於健康，但到了市場上卻不知道什麼是瘦肉，倒還不如只知道雞肉有益於健康的人。

有人曾經嘲笑哲學家泰勒斯只知道仰觀天象，而不諳世事，結果泰勒斯通過觀察星相，了解到來年橄欖會大豐收，而租下城裡所有的榨油作坊，然後轉手以高價再轉租給別人，賺了一大筆錢，以此証明自己的明智。

作家歐里庇得斯對明智則做了一種頗具詩意的解釋——

> 明智就是寧靜安閑；作為群眾的一員，
> 所取的只是平均的一份，既不奢望，也不好高騖遠。

在這裡，明智又與一種安逸恬適的生活方式聯繫在一起。

所以，明智是書本上學不到的，它得通過自己對周圍事物的感覺以及具體的操作過程才能逐漸把握中國有句格言可以說準確地描繪了獲得明智的途徑：「世事洞明皆學問，人情練達即文章。」

# Chapter 2
# 發現自我

　　當你看到自然界各種動物敏銳的視覺、聽覺、嗅覺，觀賞它們尋覓獵物的本領時，或許會有長長的感歎。不過，人類完全不必自歎不如：動物雖然有發現外物的奇異功能，但它們都缺乏一個最重要的功能，那就是發現自我的功能。

　　人雖然沒有許多動物那種發現對象的奇特功能，少數具有特異功能的人會被當作奇蹟和神話。但人蘊含了真正的奇蹟和特異功能，那就是發現自我的功能。

　　作為一個生命的存在，一切活動都是出於自我，圍繞自我，歸宿於自我的。因而，作為一種有血有肉、有形有體的存在，自我似乎是一個最強的感覺，是一個無需發現的存在。但是如若因此不認識發現自我的重要，不想去開掘發現自我的能力，那麼人的生命現象在本質上就與動物的生命現象沒有多大區別了。

　　因為就在這個似乎無需再發現的存在背後，隱藏著人類世界的種種祕密。從人生、命運、慾望、理性，到社會功利、名譽、藝術、律法，各種與人之內心世界相關的學科領域、都是

從認識自我這個入口處進入的。

正是在「發現自我」這一點上，古希臘不愧是人類智慧的源頭之一。

# 人究竟是什麼

通過悲劇來探究人的自我和命運，是古希臘人尋求邏各斯，說出真理的另一種方式。

捷克著名作家米蘭‧昆德拉在《小說的藝術》中曾這樣談到：「狄德羅持有更多的懷疑態度：他筆下的命定論者雅克勾引了朋友的未婚妻，沈浸在幸福中。父親把他狠揍了一頓。正好一個軍團路過，他惱怒之下參了軍。第一次打仗「他的膝蓋上就中了一彈，從此成了瘸子，一直到死。他想開始一場愛情的艷遇，事實上他卻走向殘廢。他永遠不能通過自己的行動認識自己，在行動與他之間有了一道裂縫；也就是說，人想通過行動揭開自己的面貌，這個面貌卻不像他。行動具有自相矛盾的特點。這是小說的一大發現。」

我們可以說，古希臘的悲劇詩人索福克勒斯在他的著名悲劇《俄狄浦斯王》中已做出了這一發現。悲劇詩人感到在人的行為背後有一種神奇的力量，這種力量是人所不能把握的。雖然悲劇英雄本身是無辜的，甚至有一種良好的願望。他想通過自己的行動來認識自己、改變自己的命運，但結果卻事與願違，遭受了巨大的痛苦和不應得的悲慘結局。

該戲的梗概是這樣的——

武拜城國王拉伊俄斯因為沒有兒子，到德爾斐去求神諭。

阿波羅回答，他會有一個兒子，但預言他會死在自己的兒子手中。後來他的妻子伊俄卡斯式果然生了一個兒子。為了避免神諭的應驗，伊俄卡斯式將這嬰兒交給一個僕人，吩咐他把孩子弄死。然而拉伊俄斯的僕人可憐那個孩子，把他送給一起在山上放牧的科林斯國王波呂玻斯的僕人。而波呂玻斯和王后墨洛珀正巧沒有子嗣，遂將這個嬰兒充作自己的孩子收養著。科林斯人稱他為太子，直到他長大成人，從沒有人懷疑他的身分。

然而，有一天，一位客人在宴席上喝醉了，說出俄狄浦斯並不是國王的親生兒子。俄狄浦斯隨即去詢問國王和王后。他們痛責了那個醉漢，並否認有這回事。可是俄狄浦斯覺得到處有人議論紛紛，便親自去向阿波羅求問。阿波羅的神諭沒有回答他的父母究竟是誰，而是預言他會弒父娶母。

聽到這個神諭後，俄狄浦斯不由得感到陣陣恐怖。為了不使這個神諭應驗，他決定不再回到科林斯，便從福喀斯向玻俄提亞而去。

這裡已經埋下了悲劇的種子。俄狄浦斯想擺脫弒父娶母的悲慘命運，卻暗中為這種命運所擺布，向著這種命運指定的方向走過去。

這時，拉伊俄斯，即俄狄浦斯的真正父親，正從忒拜趕往德爾斐，想求個神諭，了解一下他所拋棄的嬰兒究竟死了沒有。他隨身只帶四個侍從。他們一行五人在福喀斯境內的三岔路口正巧撞上了俄狄浦斯。他們因為叫他讓路，同他發生了衝突。俄狄浦斯一怒之下打死了拉伊俄斯和他的三個侍從。剩下一個逃回了忒拜，撒謊說是一夥強盜把他們四個人殺死了。而這個生還的人正是從前伊俄卡斯式叫他拋棄嬰兒的僕人。

忒拜人曾經追查過這件凶殺案，但最後也不了了之。國王死後不久，新的災難降臨到忒拜人頭上。赫拉為了報復她的情

敵塞墨勒（酒神之母），派了人面獅身的妖怪斯芬克司來危害戒拜。這妖獸坐在城外的山上，背誦著一個謎語：「什麼東西早上四隻腳，中午兩隻腳，晚上三隻腳，腳最多的時候最軟弱？」凡是回答不出這個謎語的人都被它吃掉了。忒拜人正失望時，流浪到此的俄狄浦斯憑著自己的智慧，揭開了妖怪的謎底：這是人！因為人一生下來爬著走，是四隻腳；長大後立著走，成了兩隻腳；年老以後添上一根拐杖，又成了三隻腳。那妖怪聽了，便含羞跳崖自盡了。感恩知報的忒拜人於是立俄狄浦斯為王，並將拉伊俄斯的寡妻伊俄卡斯忒嫁給了他。

在這裡，悲劇詩人索福克勒斯通過「斯芬克司之謎」，表達了對人及其命運、即邏各斯的思考。「斯芬克司之謎」實際上是一個雙重謎語。它的表層謎底是人，但深層謎底是人對命運的一無所知。正因為如此，俄狄浦斯以為自己為忒拜人消除了災禍，幹了件大好事，而忒拜人也以為他們立俄狄浦斯為新王，並將老國王的寡妻嫁給他，是對其智慧的最高獎賞。然而他在冥冥中已犯下滔天罪行。

最後，當俄狄浦斯知道自己幹了什麼之後，他悲痛地用金別針刺瞎自己的雙眼，並要求忒拜人把他趕出去。因為他無臉在這片生養他的土地上生活下去。

我們可以看到，索福克勒斯在這部悲劇中，深深洞察了人的兩重性：一方面他們是有智慧的，另一方面他們又對命運、對自己的行為所造成的最終結果一無所知。

這種兩重性體現在俄狄浦斯（另譯‧伊底帕斯）的身上就成了一個具有雙重身分的人；他尊敬神、相信神諭，然而他越是想逃避神諭的結果，卻越是無意識地按照神諭去做；他本是一個敢作敢為、不屈不撓、充滿遠見卓識的人，人們無法指責

· 人面獅身

他有任何不道德和觸犯法律的行為，可是到頭來這個人物所不知、不願和不應得的一切卻落在他的頭上。

俄狄浦斯是聰明的，他猜破了斯芬克司之謎，但「人究竟是什麼」（也就是他究竟是誰）這個謎卻一時未能猜破。當他猜破了斯芬克司之謎，怪獸羞愧地跳崖自盡。當他猜破了自身之謎，他自己不得不離鄉背井，到處流浪。

然而，索福克勒斯和其他的悲劇詩人一樣，一方面承認「命運」之存在，人是難以把握這種命運的，另一方面又讚揚人對命運的反抗，而不是對命運俯首帖耳。

在他的另一部悲劇《俄狄浦斯在科羅諾斯》中，索福克勒斯通過俄狄浦斯之口，表達了對這種命運的抗拒之情——

凶殺、亂倫、不幸的事件都從你（新國王克里瑞）的嘴裡向我拋來。這些都是我，哎呀！不知不覺中造成的，此中似有天意，也許是眾神要發洩對我的家族積下的憤怒；因為你找不出我本人有什麼罪過好拿來譴責我，說我有惡報，才對我自己和我的親人做錯了事。告訴我，如果神示說，有什麼注定的命運要落到我父親身上，他又將死在他的兒子手裡，你有什麼理由責備我呢？因為那時我還沒出世，我的父親和母親還沒有把我生下來。而且，如果像我這樣生而不幸的人同我的父親打起來，把他殺死了，卻不知道我幹的是什麼事，也不知道我殺的是什麼人，你有什麼理由譴責這無心的過失呢？

　　這就是希臘悲劇詩人的智慧所在、力量所在。所以悲劇詩人本質上是理性的探求者，積極的悲觀主義者。

　　索氏在這部悲劇中，實際上通過人類不可擺脫的命運對人進行了探問。整個悲劇就是一個長長的疑問：人究竟是什麼？

　　索氏的智慧在於最後沒有讓俄狄浦斯以自殺來結束這個疑問，而是讓他離鄉背井，繼續去尋找這個答案。因而，如果我們僅僅把古希臘的悲劇理解為講述因果報應的故事，就削弱了個中所隱含的智慧。

　　俄狄浦斯弒父娶母只是戲劇的表層故事，並不是十分重要的東西。因為也可以以其他罪行代替它。弗洛伊德借用這種行為來描述人的一種潛意識。然而在俄狄浦斯身上，並不是由於潛意識使然，而是完全在一種自己無法預料和把握的情況下無意識犯下的。弒父娶母只是一種可能，在當時的條件下人之境況的一種可能。借用這個表層故事來對存在、對命運、對人本身提出疑問才是索福克勒斯的意旨所在。索氏提供給我們的

（或者隱含在悲劇結構中的）不是善有善報、惡有惡報這種道德信仰，而是對人生、對命運、對存在的一種詰問。

悲劇中所隱含的智慧也許是悲劇詩人本身未曾意識到的，而是深埋在悲劇的結構裡。如果我們以悲劇詩人未曾意識到它，而否定這種智慧的存在，那麼就說明了我們還未充分理解作者與作品的關係：**一部成功的作品往往蘊含著比作者自身思想大得多的智慧。**

# 「認識你自己」

「認識你自己」這一鎸刻在德爾斐神廟上的名言，其真正的實踐者是從古希臘的蘇格拉底開始的。而正是從蘇格拉底開始，古希臘的智慧發生了根本的轉折：從以探究自然為主的興趣轉向了對人自身的認識與思考。

蘇格拉底是古希臘最有名望的智慧之士。但他的智慧卻不是人們所看到的那種博大精深、無所不知。恰恰相反，他的智慧之特點就在於承認自己什麼都不懂。他在與那些知識淵博的人談話時，總是不斷提問，最後迫使那些自以為聰明、有知識的人，承認自己所掌握的知識和確信的真理原來都值得懷疑，沒有真正弄懂。

蘇格拉底的智慧就在於讓人們懂得，世界上許多看上去似乎熟悉和明白的事情、道理，實際上是最不明白、最不熟悉的；而在所有不了解、不熟悉的事物中，以自己對自己的無知為最。這種認識現象使古希臘人，以至以後所有的人類都感到奇怪和震驚。

何以人們明明白白熟悉、了解的事物，實際上會是陌生和

· 蘇格拉底「認識你自己」（前 470-前 399）

無知的呢？人們總以為自己最了解自己，何以變成自己最不了解自己，認識自己成了最大的困難呢？當現代人看到一切深奧發達的科學理論都在圍繞著「人」這樣一個目標旋轉時，我們應當明白，這不是一個可以簡單回答的宇宙奧祕，它是一個集幾千年人類智慧之大成的宮殿。蘇格拉底只是鋪下了第一段通向這座宮殿的智慧道路。雖然在今天看來，這已經很不顯眼，但他的名字在現代西方智慧的名冊中仍然是最響亮的一個。

當然，正如你抬頭看著一座雄偉的宮殿時會有神聖感，但低頭細看建築它的石頭時仍不免會感到平凡粗糙一樣，蘇格拉

底「認識你自己」的思想方法或許並不能給今天的你產生神奇的吸引力。不過，當你想到它是通向雄偉宮殿入口的基石時，多少會引起某種莊嚴的情感和對它有所了解的興趣吧！

　　古希臘智慧從對自然的沈思到對人本身較全面的反思，是從蘇格拉底開始轉折的。這一轉折的過程，蘇格拉底自己描繪如下——

　　　　我年輕的時候……對於研究自然的那種智慧懷有極大的興趣。我覺得，知道每件事物的原因，了解它們怎樣生成、存在和滅亡是一件很崇高的事情。我總是拿諸如此類的問題來困擾自己……我原以為，無論在別人或我自己來看都清清楚楚知道了的，現在我卻懷疑起來。我老在想，以前原以為認識了的，卻原來一無所知。特別是關於人的成長的原因更是如此……

　　　　後來有一天，我聽到一個人念阿那克薩哥拉的書，書中肯定「心」為規整萬物的原因。我想，雖然如此，「心」規整萬物，使每個具體事物處於最好的狀態……

　　　　我滿懷希望地以為，在阿那克薩哥拉所寫的著作中，我已經發現了我所滿意的因果性知識……

　　　　但是我的希望很快落空了。讀著讀著，我發現他並沒有把「心」運用到規整萬物的原因上去，而仍然是把氣、以太、水以及其他奇奇怪怪的東西當作萬物的原因……

　　由於上述原因，蘇格拉底開始探察人心，揭開種種臆說，考問種種定論。

　　據色諾芬回憶，蘇格拉底經常到人多處找人談話。他不像大多數哲學家那樣爭論事物的本性是什麼，而是就一些關於人

類的問題做一些辯論，考究什麼事是虔敬的，什麼事是不虔敬的；什麼是適當的，什麼是不適當的；什麼是正義的，什麼是非正義的；什麼是明智的，什麼是不明智的；什麼是勇敢，什麼是怯懦；什麼是國家，什麼是政治家的風度；以及什麼是統治者應該具有的品格，等等。

至此我們可以說，**主體性思維**在蘇格拉底身上開始形成。人作為一個思維著的主體，從被思維著的自然對象中凸顯出來，並同時成了一個被探究的對象。

然而，「認識你自己」在蘇格拉底那兒主要的還是一種求知的激情、一種不斷的追問，而不是一種現成的答案。

有一次，蘇格拉底、格老康、阿第曼（後兩位都是柏拉圖的兄弟）、司拉西馬格在富有的貴族塞法臘家又討論起倫理問題。蘇格拉底問塞法臘：「你認為你從財富中得來的最大幸福是什麼？」

塞法臘答道：「財富之所以成為幸福，主要是因為它能使我慷慨、誠實而守正義。」蘇格拉底以他一貫的機巧，又追問道：「你剛才說的正義是什麼意思？」從而又掀起一場哲學論戰。自然，像往常一樣，蘇格拉底通過一一詰問，輕而易舉地把在場者所下的定義一個個駁倒。

到最後，那個粗暴而易激動的詭辯家司拉西馬格耐不住性子了，突然咆哮起來：

「蘇格拉底，什麼愚笨迷了你的心竅？你們別的人又為什麼一個個跟著統統跌倒，這樣不中用呢？我說，你如果要知道正義是什麼，便應當自己回答，不應只管追問人家，更不應當徒以駁斥人家而自傲一……因為有許多人只能問卻不能答。」

不斷追問恰恰是古希臘人「認識的激情」之所在，這種激

情既存在於哲人身上，也存在於悲劇詩人等其他人身上。在古希臘悲劇詩人那裡，這種認識的激情衍成了對人及其命運的追問。在悲劇詩人筆下，人的性格、心理已得到了相當深刻和多層面的刻劃。儘管哲人與詩人的視角不同，卻是殊途同歸的。

中國在周秦之際也已出現了認識人自身的人文主義思想。《尚書》曰：「惟人萬物之靈。」人為萬物之靈的觀念說明人已有了自我認識的覺悟，認識到人的價值及其在世界萬物中的地位。這與古希臘智者派普羅塔戈拉的「人是萬物的尺度」有著相似之處。到了東周，中國的人文主義思想又有了新的發展：《左傳》中提出了「天道遠，人道邇」的思想。在此基礎上，進一步形成了先秦諸子百家豐富的人文思想。

然而，即使在今天，「認識你自己」這句格言依然有其現代意義。對人自身的認識，對人的各種可能性，對人的心理、生理、意識、潛意識、神祕潛能等的認識遠遠不夠，人在某種意義上仍然是個尚未打開的黑匣子。人在許多方面還是很蒙昧的，還未曾從必然王國走向「隨心所欲」的自由王國。這就需要我們借助於現有的智慧不斷反思，更好地認識自己。


# 尋找另一半

古希臘的文人雅士常喜歡聚在一起一邊飲酒，一邊海闊天空地「侃大山」。一天，蘇格拉底、斐德若、泡賽尼阿斯、厄里什馬克、亞爾西巴德和阿里斯托芬等人在阿伽通的家裡談起了愛情這一饒有興味的問題。

席間，著名的喜劇家阿里斯托芬發表了他的愛情妙論：

從前人的形體是一個圓團，腰和背都是圓的；每個人有四隻手、四隻腳，一個圓頸項上安著一個圓頭，頭上有兩副面孔，一前一後，形狀完全一模一樣；耳朵有四個；其他器官的數目都依比例加倍。他們走起路來，也像我們一樣直著身子，但是可以隨意向前向後。可是要跑快的時候，他們就像現在的雜技藝人翻筋斗一樣，把腳伸直向前翻滾，八隻手腳一齊動，翻滾得非常快。這種人的體力和精力都非常強壯，因此自高自大，甚至於圖謀向眾神造反。這下子可得罪了宙斯和眾神。於是宙斯想出了一個削弱人類力量的辦法，把人裁成了兩半。所以我們每人只是人的一半，一種合起來才見全體的符，每一半像一條剖開的魚的半邊，兩邊還留下可以吻合的縫口。每個人都常在希求自己的另一半，那塊可以和他／她吻合的符。如果一個戀人碰巧遇到另一個人恰是他／她自己的另一半，他們就會馬上互相愛慕，互相親呢，一刻都不肯分離。他們終生廝守在一起，可是卻說不出想從對方得到什麼好處。沒有人會相信，只是由於共享愛情之樂趣，就可以使他們如此熱烈地相親相愛。很顯然，兩人心中都在追求著一種隱約感覺到而說不出來的另一種東西。如果正當他們抱著睡在一床時，火神赫菲托斯帶著他的鐵匠工具站到他們面前，問他們：「你們這兩個人，彼此想從對方得到的究竟是什麼？」如果看見他們全然不知所云，就再問他們：「你們是否想緊緊結合在一起，日夜都不分離？如果你們的願望是這樣，我可以把你們放在爐裡熔成一片，使你們由兩個人變成一個人。只要你們在世一天，你們就一天像只是一個人在活著。如果你們死，那也就在一起死，走到陰間的就不是兩個人而只是一個人。想想看，你們是否想這樣辦？這樣是否能使你們心滿意足？」聽到這番話之後，我敢擔保，他們之中沒有一個人會答一個「不」字，或是表示嚮

往其他東西。他們每個人都會想，這正是他們許久以來所渴望的事，就是和愛人熔成一片，使兩個人合成一個人。

　　阿里斯托芬的這番看似純屬虛構的言談，也許恰恰表達出了古今中外處於熱戀中的少男少女們的共同心願。

　　無獨有偶，中國元代大畫家趙孟頫的夫人管仲姬對這種祈望身心交融的愛情做了率真的坦露——

　　你儂我儂，忒煞情濃，
　　情濃處熱似火；
　　把一塊泥，捻一個你，塑一個我；
　　將咱兩個一齊打破，用水調和，
　　再捻一個你，再塑一個我；
　　我泥中有你，你泥中有我。

　　現代人可不要取笑古希臘人那種幼稚的比喻和構想。對於愛情這個千古之謎來說，人們做各種各樣的想像來體現它的奇妙都不為過。所以當你自由自在的時候，感到自己什麼也不缺，自己是完美的；而一旦你陷入愛情之網後，就會覺得自己每時每刻缺少了另一半，自己的魂丟失了，就會感到老是想與戀愛中的另一方合在一起。

　　當你步入詩和文藝的書叢中，看到千古以來人類在愛情方面所建構之如大海般的豐富成果時，你可曾想到，正是人類最早對自我情感中這份奇妙現象的追溯，才產生出一個人類特有的愛情世界。

# 人生鳥瞰

　　培根曾說過：「讀史使人明智。」縱觀悠悠歷史，人們會對人生有一個清醒的洞徹。這是時間賦予我們的智慧。同樣，如果我們轉換一下視角，從高空對人生做一個鳥瞰，我們也會對人生有一番了悟。

　　古希臘的最後一個散文家琉善通過他的筆下人物墨尼波斯，對人生做了一番鳥瞰。話說墨尼波斯因厭倦於哲人們的紛紛攘攘、各執一詞，插翅飛越了一座又一座山。最後破雲而上，到了月亮。「我看見的大地是很小的，看來比月亮小多了。所以當我彎著腰乍一往下看的時候，好半天我都在納悶，高山和大海哪兒去了？老實說，如果我沒有望見羅德島上的阿波羅大銅像和法洛斯島上的燈塔，就完全不知道大地在何方。幸虧它們又高大、又醒目，俄刻阿諾斯河也在太陽光下微微地閃閃發亮。我這才知道，我眼下所見的就是大地。後來，我聚精會神地定睛一看，人類的全部生活都出現了，不僅是各民族和各城市，連航海的、打仗的、耕地的、訴訟的、婦女、走獸，一句話，凡是豐饒的土地所養育的一切都歷歷在目。」

　　接著他又看到；「這裡是宴會和婚禮，那裡是法庭和大會，別的地方有人在獻祭，那附近有人在哭喪……我把眼睛向另一方稍微傾斜，就看見埃及人在耕種，腓尼基人在航海，西里西亞人在當海盜，拉孔人（即斯巴達人）在鞭打自己，雅典人在打官司。這些事情是同時生的，你可以想像得到，這會是多麼混亂的情景。這就像有人把許多合唱隊員，更確切地說，把許多合唱隊帶進來，讓每個歌唱者不顧和諧，自己唱自己的調子；他們互相競爭，各唱各的，竭力高聲壓倒旁人。天哪！

你想想這支歌是什麼樣的啊……地上所有的合唱隊員就這樣。人們的生活就是由這種不和諧構成的……不用說，那個五光十色的劇場上發生的一切都是可笑的。」

不過，大多數人並沒有墨尼波斯站得那麼高，看得那麼遠，他們並沒有意識到人生就如一場戲劇，每個人只能到這個人生舞台上瀟灑走一回；他們往往是短視的，只看到自己鼻子底下那點東西。

那麼就怪不得墨尼波斯要感到不可思議了，「特別可笑的是那些為爭地界而相鬥的人，那些由於耕種西庫翁平原，由於占有馬拉松的俄諾厄鄉區，由於在阿卡奈鄉區獲得一千畝地而自鳴得意的人。其實，在我從天上看來，整個希臘不過四指寬。我認為，按照這個比例，阿提卡要小許多倍了。因此我想，留給我們的富翁引以自豪的東西是少而又少。在我看來，他們當中田地最多的人也不過耕種伊壁鳩魯的一個原子罷了。當我眺望伯羅奔尼撒，看見庫努里亞的時候，我想起這麼一個小地方，不大於一顆埃及扁豆，卻使那麼多阿耳戈斯人和拉柄弟夢人在一日之間死於戰爭。如果我看見一個人有幾個金戒指、四個金酒杯，便因金子多而自豪，我也要大笑特笑，因為整個潘流翁山連同它的金銀礦，也不過一顆米粒大。」

而人猶如蟻群。墨尼波斯這樣描寫道：「我想你一定常看見成堆的螞蟻，其中一些在洞口擠作一團，當眾執行公務，有的外出，有的回城；一隻運出糞來，另一隻從什麼地方揀到一片豆子皮或半粒麥子，拖著奔跑，與螞蟻生活相適應。螞蟻當中自然也有建築師、公眾領袖、主席官、音樂家和哲學家。那些城市和城市的人民非常像蟻丘……我把一切看夠了，笑夠了，又振翅向上飛。」

在這樣一幅人間圖畫中，我們可以看到古希臘人的確是注重理性的，他們看到了人生滑稽可笑的一面。但同樣這幅圖畫，在訴諸情感的東方人看來則太悲哀了。人生是那麼微不足道，那麼輕，就像捷克作家米蘭·昆德拉所說的：是一種難以承受的存在之輕。或許只有佛才具有一種大徹大悟的精神：宇宙只是一粒塵埃。

從高空看人類會有一種徹悟。當我們變成一個小人來到人間，也會有一種格列佛的新觀感。據說，格列佛在大人國瞻仰傾國傾城的王后之酥胸時，他並沒有看到冰清玉潔的肌膚，而只見到粗大嚇人的汗毛孔。

在發明鏡子以前，人類曾經為觀察自己的面容而感到困難。同樣，在沒有發明宇宙飛船之前，人類為觀察地球而付出了沈重的代價。從托勒密的「地心說」到哥白尼的「日心說」，就經歷了血與火的洗禮。哥倫布的探險，証實了大地的真相。只有衛星上的觀察才認清了地球整體的大量奧祕。

認識人類自己，既需要從近處看，也需要從遠處看，既需要單個地看，也需要整體地看。這樣，美好的、醜惡的、合理的、荒唐的，就都能了然於心中了。正如春天的風景，從整體上遠遠看去，那是百花爭艷，美麗如畫；如果你鑽到花木叢中仔細看某一局部，那麼就會是爛根爬蟲，不堪入目。

所以，「橫看成嶺側成峰，遠近高低各不同；不識盧山真面目，只緣身在此山中。」對人類自我的認識也應該不斷地變換角度。古希臘人在還沒有條件實際上變換角度時，就用想像的角度來完成這種變換，不能不說是一種智慧的洞見。

# Chapter 3
# 五彩的人性

　　生命常常有這樣一種奇怪的現象：外表越顯得堅強，內在卻非常軟弱；外表似乎柔軟溫和，內在卻是剛烈勇猛。烏龜有堅硬的殼，刺蝟有鋒利的刺，內在卻軟弱無能。老虎和豹子，外表有著柔軟美麗的皮毛，內在卻不可侵犯。人類社會也是這樣：嚴肅剛強的表面氣質，常常伴著軟弱動情的心靈世界；笑容可掬的外表，可能藏著鐵石心腸。人們越是讚美和渴望的，越是實際上缺少的；越是語言上富有的，越是心中沒有的。

　　當我們的社會處在清一色的服裝、千篇一律的行為模式中時，對於人性的自由、人性的多元是多麼渴望。而當現代的人性真的從傳統的枷鎖中掙脫出來，展現五色光彩時，人們又感到這種人性會面臨各種各樣的困擾、競爭和拚搏。於是人性自由和解放的呼聲低落下去了，人們感到人性世界雖然多彩，卻也體驗到這個多彩世界是令人困擾和難以應付的。五彩人性的美麗固然提供人生一種奔放式的享受，但這種享受不是天上掉下來，現成而安寧的，卻是需要用足夠的智慧去應對、去思索、去爭鬥的。

當人們有了切身的體驗之後，再去看看古希臘人當時的五彩人性，或許就容易真正領悟到他們在這種人性世界中所展現的智慧之光了。

# 人性是律法的依據

人類生活中有一些基本原則是永遠必須得到尊重的，因為這些原則是「神聖的」，即使城邦所制定的法律也不能違背這些基本原則。這是古希臘悲劇詩人索福克勒斯通過《安提戈涅》一劇所要告訴我們的。

《安提戈涅》的劇情是這樣的：安提戈涅的哥哥波呂涅刻斯借助岳父的兵力回國來想奪回其弟弟厄忒俄克勒不肯讓出來的王位（因為按照協定，他們必須輪流執政），結果兩兄弟相互殘殺而亡。克瑞昂以舅父的資格繼承了王位，他偏袒違約的弟弟，而宣布哥哥為叛徒，不許任何人掩埋他的屍體。但這兩兄弟的妹妹安提戈涅基於神律，盡了親人必須盡的義務，把她的哥哥埋葬了。克瑞昂認為這種行為冒犯了他所頒布的城邦法律，把她關進安葬死人的石窟。克瑞昂的兒子，也就是安提戈涅的情人海蒙，因不滿意父親的做法，勸說無效而抱恨自殺，其母親也隨即傷心自盡。

索福克勒斯通過人性的要求和城邦的法令之間的衝突，塑造了一個優美而勇敢的女性形象。安提戈涅明知克瑞昂已向全體市民宣布：「不許埋葬或哀悼那不幸的死者波呂涅刻斯，使他得不到眼淚和墳墓。」而且克瑞昂還惡狠狠地聲稱：「讓他的屍體暴露，給鳥和狗吞食，讓大家看見他被作踐得血肉模糊！」但她並沒有感到害怕，而是一如既往地按照自己的天賦

情感去做。她說道：「我除了因為埋葬自己而得到的榮譽之外，還能從哪裡得到更大的榮譽呢？這些人全都會說他們贊成我的行為，若不是恐懼堵住了他們的嘴。」

與安提戈涅和海蒙等形象中表現的天賦與自然的健康、純樸、誠實和勇敢的情感性格相比較，克瑞昂的「智慧」就顯得十分愚蠢了。他自訓：「一個人若是沒有執過政、立過法，沒有受過這種考驗，我們就無法知道他的品德、魄力和智慧。」「在我的政令之下，壞人不會比正直的人更受人尊敬；但是任何一個對城邦懷著好意的人，不論生前死後，都同樣受到我的尊敬。」

這時，索福克勒斯借歌隊長之口對克瑞昂進行了諷刺——

> 啊，克瑞昂，墨諾叩斯的兒子！這樣對待城邦的敵人和朋友是很合乎你的意思的；你有權力用任何法令來約束死者和我們這些活著的人。

但克瑞昂愚蠢地以自由思想自傲，用死刑威脅安提戈涅，儘管按血緣而言，她跟他比任何一個崇拜家神宙斯的人都更親近，因為她是他的親戚。在和其兒子海蒙的交談中，他的專制本質漸漸暴露無遺，「若是有人犯罪，違反法令，或者想對當權的人發號施令，他就得不到我的稱讚。」不僅如此，他還狂妄地宣稱：「凡是城邦所任命的人，人們必須對他事事服從，不管事情大小，公正不公正。」在這裡，克瑞昂表現出純粹暴君式的剛愎自用。由於克瑞昂的一意孤行，最後不僅葬送了安提戈涅的生命，也葬送了自己兒子和妻子的生命。到最後他才幡然悔悟道——

把我這不謹慎的人帶走吧！兒呀，我不知不覺就把你殺死了（向著其妻子歐律狄刻的屍首），還把你也殺死了！哎呀呀！我不知看他們哪一個好，不知此後倚靠誰。我手中的一切都弄糟了，還有一種難以忍受的命運落到我頭上。

索福克勒斯在這齣悲劇中，實際上提出了「人性（用他的話來說就是神律）是律法的基礎」這個命題。任何法令的制定都不應違背最基本的人道原則，哪怕對待自己的敵人也是如此。這與後來的優待俘虜、不殺負傷的敵人，以及人道地對待犯人等是有相通之處的。這說明古希臘人已經有了對人、對人性尊重的要求。

# 獨一無二的妙辯

「事實勝於雄辯。」這是人皆共知的一種論辯方法。不過，這種方法往往需要這樣一個前提：所謂的「事實」，必須與所辯的主題一致或相關，否則就是莫名其妙，不能勝辯。

但古希臘是一個特殊的時代。它的野性與文明同時走向頂峰，它的審美與殘酷一樣顯得徹底，它那人性的自在與政治的異化無不透露殆盡。因此，在別的時代無法想像和理解的事情，在古希臘時代自會有其內在的合理性。古希臘的智慧之士常常把握了這種特殊的合理性而做出在其他時代和社會背景下絕對做不到的奇妙之舉。

有一位詩人在重現古希臘傳說的詩歌中，描述了這樣一個奇特場面——

有一次，雅典的執政官審判藝妓弗麗娜的罪行。激憤的人群大嚷大叫：「處死她！處死她！」眼看嚴厲的法官已經與群情同化，就要做出判處藝妓死刑的決定。在這千鈞一髮的時刻，弗麗娜的辯護人基比里德從她的肩上取下紫紅色長衣。法官和沸騰的人群驀地驚痴了，他們被這位藝妓美妙絕倫的裸體驚得目瞪口呆了。

> 神聖的形體放射出
> 靜謐清麗的光彩！
> 人群，一剎那前還在怒吼：
> 「將這高傲的藝妓處死！」
> 倏忽間，全都啞口無言，
> 沈醉於阿芙洛狄特的廟宇。

　　這個舉動，使辯護人獲得巨大的成功。

　　但這只是在古希臘這個特定時代中才可能獲得成功。如果換上別的時代，辯護人可能因此而賠送自己的性命。因為在以後的任何一個時代，都會認為辯護人是在利用色情向神聖的法律挑戰，以無恥的手法褻瀆莊嚴的政治活動。即使人們內心同樣會被美麗的裸體所震慄，但異化的人心卻大都會把這種內心掩蓋起來，而掩蓋的手段便只有對這種舉動本身進一步加罪，這種加罪的程度是與內心被震慄的強度成正比的。因而，在這種情況下，同樣的舉動，只會導致更大的失敗，是一種愚蠢的辦法。但在古希臘卻是一種智慧，一種獨一無二的絕妙之辯。

　　由於經常面對殘酷的戰爭，古希臘人在政治權力和民主的問題上，其狂熱和盲從不亞於法國大革命時期，這是其人性異化的一面。但古希臘人對人性的自然表現卻又是一切現代文明

所無法望其項背的。他們不僅在對智慧的追求和真理的表述中展現了精神上的自由；同時在對美的追求和表現上體現了情感上的自由：他們沒有偽裝，充分顯示人的本性。

辯護人意識到弗麗娜之捲入政治漩渦，就是因其有著超絕之美。美色常常與政治事件，更確切地說，是與政治家的慾望相聯繫，一旦導致政治悲劇，人們總要歸罪於美人的引誘。

在古希臘，有人將雅典和斯巴達的戰爭起因歸於爭奪三位藝妓，將特洛伊戰爭歸因於拐走了美人海倫。而美本身是無罪的，美是應當與罪惡、與政治家的野心和貪慾分開來的。

但這是一個十分複雜的問題，這是一個思想家需要在巨著中才能向人們慢慢說清楚的深奧理論，面對被政治激憤、鼓動起來的盲目民眾和被法律異化的法官腦袋，任何人都無法靠說理來辯清這層關係，只有靠每個人自己內心的上帝——本性出來講話，讓每個人自己去感受這種神聖的美。

在這種感受下，異化的人性才會顯得無力，自然的本性必然會分辨出真正的美與醜、神聖與罪惡。這就是包藏在辯護人無聲之舉動中的智慧。

當然，辯護人這種智慧並不是脫離歷史背景而獨立自生的，它是與古希臘人在這方面普遍顯示的智慧相一致的。

古希臘的智慧產生於自然，同樣，古希臘的美感也產生於自然。他們認為美是和諧；大自然的和諧、音樂的和諧、色調的和諧，都給人以美感。同樣，人體也是和諧的，因而人體也給人以美感。所以古希臘人對人體的自然美抱持著自然的審美態度。法國歷史學家丹納在《藝術哲學》一書中做了這樣的記述：「幾乎所有與希臘為鄰的民族，都以裸體為羞；只有希臘人毫不介意地脫掉衣服，參加角鬥與競走。在斯巴達，連青年女子鍛鍊的時候，也差不多是裸體的。」

古希臘時代的這種自然審美觀，完全是一種自然智慧的體現。近代人將裸體與性慾和道德墮落混為一談，這完全是與自然智慧顛倒的認識。實際上，裸體與性慾和色情混同的觀念是由於衣著的奇妙作用產生的。只有當女子用衣著遮掩或半遮掩，傳神地以挑逗男性注意其未露的性徵時，才產生色情。而在古希臘時代，人們把衣服當成禦寒的工具。從審美的角度看，衣服歸根結柢是對豐富和絕妙人體的冒瀆和侮辱。

　　可見，古希臘人對人體美是從正面加以審視的，後來的人們則是從反面去審視。從正面審視，人體美是神聖崇高的，在法庭上顯示，一點也不存在褻瀆法律的成分，人們和法官不得不折服。這樣的文化審美背景，是辯護人智慧之舉的成功保證，當然也是人類歷史上絕無僅有的奇妙辯護。

# 人類自古愛美人

　　愛美是人之天性，古今中外概莫能外。古希臘的神話作者深深洞徹人的這種天性。

　　古希臘神話中有這樣一則故事：珀琉斯和忒提斯舉行婚禮時邀請了奧林匹斯的所有神祇，只有紛爭女神厄里斯未被邀請。這位女神對這種疏忽大為惱怒，便在賓客中扔下了一個刻有「獻給最美麗的女神」字樣的金蘋果。天后赫拉、愛神阿芙洛狄特和智慧之神雅典娜都認為自己該得到這個蘋果。結果吵到眾神之主宙斯那兒。宙斯不願裁決如此微妙的問題，便叫女神們去找在伊得山牧羊的美男子帕里斯，讓他做出決定。為了使帕里斯偏向自己，赫拉答應給他權力和財富，雅典娜承諾賦予他戰爭中的榮耀和聲望，阿芙洛狄特願意給他天下最美麗的

女子。三位女神都想爭取他做出有利於自己的決定，但帕里斯最終選中了阿芙洛狄特，把金蘋果給了她。

　　古希臘神話中著名的特洛伊戰爭就是由此引起的。話說帕里斯在阿芙洛狄特的庇護下來到希臘，斯巴達國王墨涅拉俄斯熱情地款待了他。可是墨涅拉俄斯的妻子海倫正是愛神阿芙洛狄特為帕里斯選中的女子，是個絕世無雙的美人。曾有無數求婚者想娶她為妻，最後她看上了墨涅拉俄斯。可是，帕里斯前來作客，由於阿芙洛狄特的暗中相助，他拐走了海倫，把她帶到特洛伊，從而引起特洛伊戰爭。

　　其實，現實生活當中也是如此。伯里克利曾為討好一代名妓阿斯帕西亞而燃起攻打薩摩斯的戰火——據說阿斯帕西亞是一個十分嬌媚、聰明的女人，曾令許多人為之傾倒，連蘇格拉底也與其同居過。而伯里克利對她的寵愛幾乎到了痴情的地步。伯里克利原先的妻子是其近親，後來因兩人並不融洽，遂徵得她的同意，依法把她嫁給他人，他自己娶了阿斯帕西亞，十分恩愛——據說，伯里克利每天出去或從市場上回來，都要和她親吻——儘管在許多喜劇中，她被說成是新翁法勒、新德亞涅拉、新赫拉。但阿斯帕西亞的名聲非常大——據說同波斯王作戰、爭奪王位的居魯士，就稱呼他最寵愛的妃子為阿斯帕西亞。


# 七情生百媚

　　每一個民族、每一種文明都有其自己的神話，在這方面，古希臘人並不顯得更為聰明。事實上，古希臘的某些神祇來自於埃及和東方，如狄奧尼索斯。古希臘的智慧體現在它創造了

更豐富、更精緻、更具韻味、更有審美價值的神話系統。

在荷馬、赫西俄德和悲劇詩人的生花妙筆下，奧林匹斯山的眾神個個栩栩如生，充滿人的七情六慾：宙斯的狂怒、赫拉的善妒、阿波羅的多情、愛神厄洛斯的頑皮、五穀女神的哀愁、阿芙洛狄特的痴情……正如席勒在《希臘的群神》中不無羨慕地吟詠的——

> 那時，群神還會從天而降，
> 跟丟卡利翁的後代朝夕相處；
> 勒托的兒子還會拿起牧羊杖，
> 要把皮拉的美貌女兒們征服。
> 阿摩在凡人、天神、英雄當中，
> 為他們撮合、締結美滿的婚姻；
> 在阿瑪同特，凡人、天神、英雄
> 一同參拜愛神的神殿。

在古希臘，神與人是親近的，眾神就生活在他們中間，庇護著他們，有時甚至參與他們的戰爭；眾神不僅具有人的形象，也具有人的情感，好嫉妒、愛爭鬥，喜歡追逐漂亮的女人。因此希臘神祇的優越性並不體現在精神上，甚至在道德屬性上也並不見得比人類優越；眾神的優越性體現在外在的天賦上：力量、美和不朽。

阿芙洛狄特和阿多尼斯之間的愛情悲劇，就是一個非常感人的故事。

有一天，阿芙洛狄特和兒子丘比特戲耍時，胸部被丘比特的一支箭刺了一下。她趕緊推開丘比特，但箭已深深刺傷了

她。在養傷期間，她遇見阿多尼斯，一見鍾情。以前她常出去遊玩，現在感到一切都索然無味了；甚至連天宮也不想回去了，整天跟著阿多尼斯，形影不離。過去她可以整天坐在樹蔭裡，百無聊賴；現在卻打扮得和獵神狄安娜一樣，呼鷹喚犬，翻山越嶺，追逐獵物。但是她只射那些溫順的小動物，對那些虎豹豺狼則躲得遠遠的。她也叮囑阿多尼斯不要去冒犯那些猛獸。她說道：「對膽小的要拿出勇氣，對凶猛的如果貿然行事必然會招致危險。你時時要注意自己的安全。你是我的幸福，我不希望你拿生命去冒險。不要去招惹大自然賦予利器的野獸。我雖然珍視你的榮耀，卻不想讓你付出生命。你的英姿能使我愛神著迷，但並不能打動雄獅、箭豬的心。」

說完，她升空而去。可是，驕傲的阿多尼斯根本沒把這些話放在心上。一天，他驅著獵狗將一頭野豬趕出了窩。他舉起長矛，從側面刺進野豬體內。那野獸用嘴拔出長矛，直朝阿多尼斯衝來。阿多尼斯見勢不妙，拔腿就跑，但已躲閃不及。野豬趕了上來，用獠牙刺入他的腰部。他頓時鮮血直流，倒在地上，奄奄一息。

阿芙洛狄特乘著天鵝車還未駛到塞浦路斯，就聽到半空中傳來她的意中人的一聲慘叫。她立即調轉頭往回趕，遠遠就看到阿多尼斯躺在血泊中。她急忙從車上翻滾下來，一看阿多尼斯已沒了熱氣，不由得趴在他身上嚎啕大哭起來。她詛咒命運女神道：「你們只能一時得逞，因為我為此哀傷的標誌將與天地共存。阿多尼斯啊！從今以後，每一年都要重溫一次你的死亡。你的鮮血將變成花朵，算是對我的慰藉，這一點誰也奈何不得。」

說完，她將神酒灑在血泊裡。酒滲到血裡，慢慢泛出氣泡，彷彿雨滴掉進水池裡。不一會兒，一朵石榴花，殷殷紅的

鮮花平地而生。這就是隨風生靈的風花。

# 哲人與女人

在一般人眼中，哲人總是乾巴巴的、十分乏味，光會將自己深鎖在概念的象牙塔中，同那些感情細膩、風姿綽約的女人似乎搭不上界。

可是在古希臘，哲人們卻頗受女人的青睞。如一代名妓拉依斯，各城邦都為其出生地而爭高低，身價極高，一般人很難接近，但她卻偏偏惠顧居大甕為生的第歐根尼。名妓弗里妮，深居簡出，出門得遮上面紗，輕易不讓人睹其真容，偏因愛慕克塞諾支拉特之清名，主動登門求宿。

在這些名妓中，更有一位佼佼者，名叫阿斯帕西亞。她不僅姿容美麗，風度優雅，極有口才，而且深諳政治之道，受到伯里克利的熱烈追求。蘇格拉底曾經專程上門拜訪，跟她學雄辯術。她倒也不挑剔老蘇那副討厭的長相：禿頂、寬臉、扁鼻子，慕其智慧而與他同居。

從上述諸例中，可以看出，在古希臘不只是哲學家享有愛智慧之盛名，一般百姓，乃至名妓，也是鍾愛智慧的。

只是在古希臘，一般女子婚後就深居簡出，孤陋寡聞，根本沒有機會與哲人相交。倒是那些可以隨意拋頭露面的名妓們不僅容貌姣好，且極有文化和情趣，因此才會青睞那些頗有才智的哲學家。

反過來，那些哲學家平時除了自己的妻子，難得同一般女人接觸，碰上那些漂亮、聰明的名妓，倒也十分鍾愛。

據說，當時雅典住著一個名叫賽阿達泰的女人，是個有名

的妓女。蘇格拉底的一個弟子一次提到了她，稱這個女人美得無法形容，畫家們常去幫她畫像；而只要在禮貌所容許的範圍內，她總是儘量把自己的身體展露給他們看。蘇格拉底聽後說道：「我們必須親眼去看看。既然稱言語無法形容，就絕不是光憑傳聞就能領會的。」於是，他們來到賽阿達泰的住處。正巧她擺著姿態，正在讓一個畫家畫像。

待畫家畫完後，蘇格拉底問道：「諸位，是我們因賽阿達泰把自己的美顯示給我們看而更為感激她呢，還是她應該因我們觀看了她而更為感激我們呢？這次展出是對她更有好處，從而她應該感激我們呢，還是這次參觀對我們更有好處，從而我們應該感激她？」

有人表示，這話說得很有意思。於是蘇格拉底繼續侃侃說道，「所以，現在她所獲得的好處就是我們對她的稱讚，而以後當我們把這事向眾人宣傳開時，她還會獲得更大的好處。至於我們呢，目前我們已渴望結識我們所看到的美人兒了，我們將會心情激動地離去；等我們走開之後，還不知會多麼想念呢？這事的自然結果是，我們將會成為她的崇拜者，而她則成為我們崇拜的對象。」

聽了老蘇的這番恭維話，賽阿達泰不由喜笑顏開地說道：「噢，當然是我應該因你們賞光來看我而感激你們嘍！」

接下來，老蘇又傳授給賽阿達泰獵取朋友的妙法——

妙法之一：「飢餓療法」。對於那些求愛者只能要求他們做那些不費力就能做到的事情，然後你還要慷慨地回報他們，這樣他們就會打心底裡向你表示忠誠，長久地愛著你、善待你。但如果你等他們向你提出要求的時候才把愛情給予他們，他們就會感激之至。因為你瞧，即使是最美味的食物，如果在

人們還不想吃的時候給他擺上，就會了無滋味；如果在他們飽的時候給他擺上，他甚至還會感到討厭；但如果在人們飢腸轆轆時端出來，那麼，即使是粗茶淡飯，他也會覺得很可口了。

妙法之二：「再度飢餓法」。對於那些已經感到滿足的人，就不要再把愛情給他們，也不要使他們想起這檔事。直到他們滿足的心情已經消逝，再度感到需要時，你就以非常正經的談吐和半推半就的姿態對付他們，使他們如飢似渴的心情達於頂點。因為在這樣一個時刻，同樣的賜予比在人們還沒有感到那麼迫切需要時給他要強得多。

老蘇可謂是愛情心理專家，用吃飯來形容對情愛之需要，可謂深諳情愛之底蘊。不過這番話倒把賽阿達泰說得一楞一楞的。怪不得不少名妓對蘇格拉底如此欣賞，經常登門求教。

如今，不知是哲學家變了，還是女人變了，很少風聞兩者之間有如此相慕相愛的風流韻事。

# 與天命爭人理

在豐富絢麗的古希臘神話中，作為古希臘精神之象徵的並不是威嚴的天帝宙斯，而是那個盜火給人類，不願屈服於天帝意志的泰坦神普羅米修斯。為了更好地說明古希臘的精神特徵，我們還是將他與希伯萊文學的約伯形象作一比較。

希臘文學和希伯萊文學各自都包含著一個正直的人遭遇來自天國的不應得之厄運的傳說：一位是普羅米修斯，一位是約伯。約伯，「那個人完全正直，敬畏神，遠離惡事。」（《舊約全書‧約伯記》）由於突然降臨的天命，失去了他的財物、他的家庭以及他的健康。普羅米修斯，偉大的泰坦神，他看到

人類悄悄的毀滅，產生了惻隱之心，冒著觸怒宙斯的危險，給人類盜來了火種，結果被宙斯鎖在高加索的峭岩上，長年累月忍受著一隻老鷹的折磨。

　　這兩個受難者在許多方面是相同的：普羅米修斯受難，雖然他出於同情之心；約伯受難，雖然他一生純淨。如果他們其中一個該接受命運的懲罰，那麼當是普羅米修斯。兩個傳說的思路是相同的。兩個受難者都哀歎他們的不平遭遇，聲稱自己是無辜的。朋友們勸告他們服從上天的意志。普羅米修斯回答，他得罪宙斯是有意而為，絕不會向宙斯屈服；約伯則堅持他並沒有做錯任何事。這是這兩個傳說的吻合之處。但人們可以看到希臘作者和希伯萊作者從他們各自的不幸遭遇中卻得出截然不同的道德準則。

　　針對約伯的哀怨，耶和華從風中回答道——

　　　　誰用無知的言語，使我的旨意暗昧不明？你要如勇士束腰。我問你，你可以回答我。我立大地之根基的時候，你在哪裡？……誰為雨水分道？誰為雷電開路？使雨降在無人之地，青草得以滋生……你能繫住昴星的結嗎？能解開參星的帶嗎？你能按時領出十二宮嗎？能引導北斗和跟隨它的眾星嗎？你知道天的定例嗎？能使地歸在天的權柄之下嗎？……誰將智慧放在懷中？誰將聰明賜於心內？……

　　最後，約伯不得不溫順地接受了神的判決，他只好對耶和華說道——

　　　　我知道你萬事都能做，你的旨意不能攔阻。誰用無知

的言語使你的旨意隱藏呢？我所說的是我不明白的；這些事太奇妙，是我不知道的。求你聽我，我要說話。我問你，求你指示我。我從前風聞有你，現在親眼看見你。因此我厭惡自己，在塵土和爐灰中懊悔。（《舊約全書·約伯記》）

可以看到上帝並沒有証明他的懲罰是正當的，而約伯也沒有承認他是有罪的。約伯僅僅感到自卑而退縮了。他的不幸依然是個謎，沒有得到任何証明。

這種解決辦法在古希臘人看來是不可思議的。悲劇詩人埃斯庫羅斯不會接受「上帝使約伯相信自己無知和愚笨」的結局。在普羅米修斯的傳說中，絲毫沒有這種結局的跡象。當宙斯發出命令和威脅，普羅米修斯以無禮的行動做了反擊：他做了約伯不敢做的事情，他詛咒了天國之王。與猶太人不同，埃斯庫羅斯不是以弱者一方的無條件屈服，而是以普羅米修斯事實上的正確結束故事。最後時間和命運引來了海格立斯。他認為他需要做的最大貢獻莫過於解救這個人類的衛士。

他向泰坦巨人說道——

> 人的靈魂永遠不能被征服——
> 除非自身變得脆弱；也永遠不能得解放——
> 除非自身充滿決心和力量，以及
> 不稍誇的目光和無以復加的努力！
> 想自由嗎？那就鼓起勇氣，我的兄弟！
> 啊！讓靈魂站在生與死、知與欲
> 敞開的門扉前，
> 見到旭日點燃思想的頂峰！

那時靈魂再不會依然故態，
或在黑色的睡鄉中收穫夢幻——
靈魂將邁著堅定的步伐，
直上光芒萬丈的山巔，
和不落的群星自由交談。

　　說完後，海格立斯殺死折磨普羅米修斯的兀鷹，勸說宙斯放了普羅米修斯。作為回報，宙斯取得威脅其王位的神祕預言。然而泰坦神沒有受到任何貶低，而宙斯也沒有得到任何抬高：協議是由雙方訂立的，雙方都做出了讓步。埃斯庫羅斯沒有提到普羅米修斯的正義感是褊狹的，也沒有提到最終証明宙斯是正確的。毫無疑問，他將宙斯和泰坦神帶到人類理性的審判席前，且毫不偏袒地做出審判；當宙斯顯示出不公正時，他毫不猶豫地加以譴責。

# 習慣乃是君主

　　古希臘的思想家用各種不同的智慧方式揭示著人生和社會中深刻而玄妙的真理現象。

藝術家通過形象或靈感；
劇作家通過生活或語言；
哲學家通過思辨或分析；
政治家通過變革或演說；
歷史家則通過事實或傳記。

在社會的變遷中，「習慣」是一股神奇的力量。中國古代，賢士們把習慣的力量比作難以抗拒的天性和自然的威力。

在古希臘，不同的思想家於習慣問題上，展現了各異其趣的智慧特色。

哲學家亞里斯多德把習慣的力量用於解釋最高級的社會倫理現象。他說：「美德有兩種，即心智方面的和道德方面的。心智方面之美德的產生和發展大體上歸功於教育，而道德方面的美德乃是習慣的結果。也正因為如此，後者的名稱『倫理』乃是由『習慣』一字略加改變而形成的。從這裡也可以清楚地看出，道德方面的美德沒有一種是由於自然而產生的，因為沒有任何由於自然而存在的東西能夠形成一種違反其自然的習慣。例如那出於自然而向下運動的石頭，就不能用習慣使之有向上的運動，即使你把它向上拋幾萬次來訓練它也辦不到。火也不能用習慣使之形成向下的運動。任何其他由於自然而有某種方式之行為的東西也不能被訓練去做另一方式的行為。所以，我們的美德既不是由於自然，也不是由於違反自然而產生；毋寧說，我們是由於自然而適於接納美德，又由於習慣而達於完善。」

政治家則用權力向習慣挑戰以尋找刺激。波斯國王大流士有一次問幾個希臘人：有什麼辦法可以使他們同意肉食自己父母的屍體。希臘人無限驚愕，表示任何辦法都不可能使他們幹出如此殘暴的行徑。於是大流士又把幾個具有肉食父母之屍體的風俗習慣，來自印度的人叫到面前，問他們有什麼辦法能夠使他們同意從此火化他們父母的屍體而不再肉食父母的屍體。這些人一聽，也無比震驚地大叫起來，說這是令人厭惡而可怕的事情。大流士是一個極其殘暴的君主，誰敢違抗他的意志就會遭到慘死。但在習慣的力量面前，人們視反習慣的行為比暴

君更可怕。

歷史學家希羅多德則用奇妙動人的歷史故事講述了習慣不可抗拒的力量。

今天的人們知道古希臘人有裸體美的藝術，但在古希臘，裸體並非所有民族的風俗。在有些民族中，裸體是不能被人看見的，尤其婦女的裸體是絕對不能被非丈夫的男子所看到。違反這個習俗是不可容忍的。

希羅多德講了這麼一個故事──

呂底亞人的國王坎道列斯因為自己的皇妃容貌美麗而寵愛萬分。這種寵愛，使他認為世界上沒有比她更美麗的女人了。他對自己的這份得意感到無法壓抑，於是就常對一個親信侍衛巨吉斯讚美自己妻子的美麗無比。終於有一天，他對巨吉斯說：「巨吉斯，我看我單向你說我的妻子美麗，那你是不能想像的，你想個什麼辦法來看看她裸體時的美吧！」

巨吉斯聽到這話，急急地說：「主公，您要我看裸體時的女主人，這是多麼荒唐一件事。您知道，如果一個婦女脫掉衣服，那也就是把她應有的羞恥心一起脫掉了。過去我們的父祖輩已經十分賢明地告訴我們哪些應當做，哪些不應當做。我承認您的妻子是舉世無雙的麗人，只是我懇求您，不要叫我做這種越軌的事情。」

巨吉斯拒絕國王的建議是怕因此招來可怕的後果。然而，國王卻說：「別害怕，巨吉斯，不要疑心我說這話是打算試探你的忠誠，也不要害怕你的女主人會把什麼危害加到你的身上。要知道，我會把這件事安排得讓她根本不知道你曾經看過她。我要你站在我們臥室敞開的門後面。當我進去睡覺時，她會跟進。在入口附近的地方有一把椅子，她脫下來的每一件衣

服都放在那張椅子上。這樣你就可以逍遙自在地觀看她了。等她從椅子走向床，她的背朝著你時，你就可以趁著這個機會，注意不要被她看見，從門口溜出來好了。」

巨吉斯實在推托不掉，只好同意這樣做。他遵照國王的安排，看完王妃的裸體，趁王妃背對著他的時候偷偷溜了出去。沒想到她用眼睛的餘光還是看見了他，於是她立刻猜到了她丈夫所做的是怎麼一回事。可是，由於害羞的緣故，她並沒有叫出來，甚至裝作什麼都沒有看到的樣子，心裡卻在盤算著對她的丈夫坎道列斯進行報復。原來在呂底亞人的習俗中，當自己裸體的時候被人看到，甚至對於男子來說，都被認為是一種奇恥大辱。

當時，她一語不發，裝作若無其事的樣子。然而第二天，她便從自己的僕從中選出一些親信，對他們做了部署，然後派人把巨吉斯叫到她面前。巨吉斯做夢也沒有想到王妃已經知道昨晚發生的事，所以遵命前來面見王妃。

王妃見巨吉斯到來，就向他說：「巨吉斯，現在有兩條道路擺在你眼前，隨你選擇。或者是你必須把坎道列斯殺死，這樣你就變成我的丈夫，並取得呂底亞的王位；或者是現在就乾脆死在這間屋子裡，這樣你今後就不會再盲從你主公的一切命令，去看你不應該看的事物了。你們兩個人中間一定要死一個：或者是他死，因為他慫恿你幹這樣的事情；或者是你死，因為你看見了我的裸體，這樣就破壞了我們的習慣。」

這個故事的結果是習慣的力量戰勝了國王的力量，巨吉斯殺死了坎道列斯，接任了呂底亞的王位。

對於這種習慣的威力，古希臘詩人品達用精妙的詩句表述出來——習慣乃是君主。

# 生與死的洞見

孔夫子曾歎曰：「未知生，焉知死。」實際上，未知死，又焉知生呢？古希臘人對待生與死是非常清醒的、實際的，他們不讓來世的幸福迷惑自己。

阿喀琉斯的鬼魂在陰間對奧德修說道：「光榮的奧德修，我已經死了，你何必安慰我？我寧願活在世上做人家的奴隸，侍候一個沒有多少財產的主人，那樣也比統率所有死人的魂靈來得好。」（《奧德修紀》）

對死亡的恐懼是眷戀生命所留下的陰影。這種恐懼非常強烈地籠罩在希臘人的心頭上，因此最溫柔的情歌也近乎一種啜泣，成了春閨中瑟瑟作響的秋風。

那麼希臘人是如何尋求安慰的呢？

它是以靈魂在死後依然活著的教誨開始的。但這種存活猶如荷馬史詩中所描繪的，僅僅是一種鬼怪，一種幽靈，一種沒有熱血、沒有色彩的活人的複製品。聽聽奧德修是如何敘述他同其母親的鬼魂見面的情景——

> 他這樣說：我真想要擁抱我死去的母親的魂靈；我三次向她跑過去，心想要抱住她，但是三次她都像影子和幻夢一樣，從我手中溜走了。這使得我的心裡更加痛苦。我對她激動地說道：「我的媽媽，我很想擁抱你。雖然是在陰間，你為什麼不能留下，讓我們彼此擁抱，讓我們冰冷的悲哀得到安慰？你難道是可怕的波瑟豐妮遣來的一個幻影，只來增加我的悲傷、痛苦的嗎？」）

從這樣一種死後生活的想像中，人們並不能獲得什麼安

慰，而且看起來也不值得追求。在這種希臘人的慣常態度中，我們還可以發現，他們似乎並不習慣於沈思善惡問題。他們被告知：一個福地在迎候著英雄的亡靈；而等候罪惡滔滔者的則是無盡的折磨。但這些觀念似乎並沒有束縛他們的想像力。他們從未被天堂和地獄的幻象所困擾。相反，他們寧願從死亡的沈思中回到現實生活來。對昔日功績的追憶，以及對未來名望的渴求，使他們從逝去的青春和愛情中得到了彌補。

伯里克利為陣亡的將士所做的悼詞是一篇偉大的演說，比諸其他任何演說更準確地反映了為一般希臘人自然而然接受的立場。不管其主題多麼鮮明、多麼恢宏和多麼富有人情味，通篇沒有任何暗示，說明一個人會在死亡後繼續存在，而是指出，死者只生活在他們的功績中，只有記憶才是存活者的唯一撫慰。

伯里克利站在高台上這樣說道——

　　……我不哀悼死者的父母，他們有很多是在這裡的。我要努力安慰他們。他們知道自己生長在一個人生與常的世界裡。但是像陣亡將士一樣死得光榮的人們和你們這些光榮地哀悼他們的人都是幸福的；他們的生命安排得使幸福和死亡同在一起……你們中間那些在適當年齡的人仍舊要支持下去，希望更多生一些兒女。在你們自己的家庭中，這些新生的兒女會使你們忘記那些死者，他們也會幫助城邦填補死者的空位和保証它的安全……（《伯羅奔尼撒戰爭史》）

這段文字也許代表了希臘人典型的人生態度：從塵世生活而不是從來世尋找死的安慰。

下面的碑文同樣體現出一種純樸的人類情感，也同樣並不存在對死者之生命可以繼續延續的任何暗示——

永別了，梅麗蒂！最好的女人躺在這裡，她深愛其親愛的丈夫，奧尼西姆斯。汝是最優秀的，因此在汝死後他仍思慕著汝，因為汝是最好的妻子——永別了，我最親愛的丈夫，以及愛我的孩子們！（《希臘人的生活觀》）

　　不管希臘人的這種態度看起來多麼獨特，尤其與基督徒相比更是如此。不過認為這是他們所持的唯一態度，或者認為他們將整個來世問題完全拋在一邊將是一種誤解。他們相信靈魂的存在，相信由普路托和波瑟豐妮所掌管的冥界。他們有關於善者之天堂和惡者之煉獄的傳說。儘管這種思想並不像纏繞著中世紀的基督徒那樣纏繞著他們的心靈，然而它不時地伴隨著恐懼或希望呈現在他們面前。

　　希臘人並非不熟悉天堂和地獄的概念，但這種概念並沒有主宰他們的心靈。他們也許有時會感到陣陣恐怖，但他們可以借助於某種贖罪儀式消除它們；他們也許會產生種種希望，但它們只有在舉行某種莊嚴的儀式時才會沈溺其間。他們生活的一般趨向看起來並不受有關彼岸世界之沈思的多大影響，他們對衰老和死亡的恐懼同他們對生命的盡情欣賞和享受相吻合。

　　然而，他們的天然衝動是從現世的利益和功績中尋求安慰，並努力通過對未來功績的渴望和對過去功績的回憶，來緩解由失敗和衰微所帶來的痛苦。

　　能夠客觀、清醒地看待生與死這一樁人生的大問題，這不僅需要有理智的頭腦，也需要有直面人生的勇氣。東方民族具有一種超越生死的智慧，而這種超越和超脫，弄不好也會產生一種離世或厭世的負面影響；而古希臘民族所表現的（面對現世的務實）理性的人生態度適足以彌補東方民族這方面的不足。

# Chapter 4
# 誰主沈浮

　　雖然是最接近原始蒙昧的文明時代，雖然是充滿神靈的早期社會，古希臘人卻沒有後來的文明社會所具有的那種對神的崇拜、迷信和屈從。

　　他們思考世界的本原，是為了獲得主宰世界的主動權。

　　他們追尋科學的智慧，是為了改造自己的生存條件。

　　他們詢問人間的奧祕，是為了創造美妙的情感世界。

　　凡是人類所應具有的奮鬥精神，古希臘人無不具有；凡是人類所能打開的神祕世界，古希臘人無不涉足。為此，古希臘人作為人，是可以充滿自信和自豪的。

　　但是，只有一點古希臘人疏忽了。他們想追求完美，追求徹底，追求至高，然而這種思維方法是與實際的可能性相違背的，他們被這種想法與現實之間的距離大大地戲弄了，從而他們感到了一種不可捉摸的力量──命運在主宰著。不過他們可不是一個甘願屈服的民族，他們始終不認為自己犯了錯誤，於是他們始終有一種與命運爭主宰的拚搏力。

　　智慧與命運，究竟誰主沈浮？

這是人類史上一個至今猶熱的千古之爭。

# 神奇的命運

命運是人類有史以來最神奇的事物，命運又是一切人最關切的事物。

每一種智慧都企圖解開命運的奧祕，但命運的奧祕卻似乎超越了人的智慧能力之上。因此，在人類智慧的初期，借助於神的力量來解說命運是一種基本的方法。

在古代中國，著名的歷史（神怪）小說《封神榜》就是運用這種方法的傑作。整個歷史事變的根源是由主要的歷史人物逆天道或順天道的行為引起的，而命運的歷程卻是由神所安排。人通過夢的啟示或占筮的手段，可以獲悉神的旨諭或安排。

這種解說命運的方法，究竟是一種智慧，還是一種愚昧和迷信呢？由於歷史變遷的複雜性，這個問題歷來有不同的看法。事實上，這種解說方法本身所具有的智慧性和這種方法對無知民眾產生的迷信效應是兩回事。因為「神祕」在智慧的思索中可以長期獨立存在，驅使抽象的精神不斷地追溯它；但在現實的生活中卻必須轉化為具體的形象，以便人們去相信、把握、遵循。生活是要腳踏實地的，事實無法停留在神祕的雲彩中。因此，假託神的意志把命運具體化，是一種生活的智慧。

實際上，神的意志只是人之意志的創造物，人們只是通過自己的意志形式來理解神的意志。但這不是一個無意義的循環往復；通過循環，命運的神祕性便在這種理解中消失了，生活就可以腳踏實地展開了。

不言而喻，這種方法所具有的智慧是深刻的。當然，人類

越處在蒙昧之中，越缺乏理智的自主精神，生活就越是需要依靠外界可信、可循的意志來支撐，因而反過來對這種意志也就越迷信。這種歷史現象有它自身的規律，不能用智慧與否去加以判斷。事實上，宗教正是與人類從蒙昧到文明的歷史進程緊密相聯的，沒有一種哲學能像宗教那樣持久和廣泛地獲得人類的信奉。儘管宗教在形式上正好與智慧相反，但深入研究它在人心中所起的合理效應，便能發覺其中蘊藏著無窮無盡的深刻奧祕。因而創造宗教的方式本身是極其智慧的。

古希臘是在脫離了原始宗教以後剛剛生長出的理性文明，它還沒有明確的意識去創立一種新的宗教；但是在涉及命運的問題上，卻經常表現出這種智慧。

被稱為歷史之父的希羅多德，在他的歷史著作中，很有代表性地採用了這種方法。他所寫的整個歷史，彷彿是一部在神奇的命運支配下的小說。這種小說般的歷史是那麼富有感染力，那種深刻的歷史事變和神奇的命運穿插，透露出作者的天才智慧。我們可以抽出一段來加以觀賞。

比如他記述的波斯國王居魯士的命運，如同中國《封神榜》中周文王的命運一般，曲折離奇，史實和神意絲絲相扣。故事的概況是這樣的——

美地亞的國王阿司杜阿該斯有一個女兒，叫芒達妮。他做了一個關於女兒的夢，夢見她撒了大量的尿，淹沒了整個亞細亞。他讓瑪哥斯僧占夢後，大為戰慄。他怕這個夢會應驗，後來把女兒嫁給一個性情溫和的波斯人剛比西斯。他認為波斯人比美地亞人身分低得多，不會應驗惡夢。

芒達妮出嫁後，阿司杜阿該斯又做了一個夢，夢見他的女兒生出個葡萄蔓，又把整個亞細亞遮住了。占夢後，說芒達妮

生出的孩子將會代替他成為國王。於是他決定把孩子殺死。在他女兒生育的時候，他叫了他最信任的僕人哈爾帕哥斯，要他親自把芒達妮的孩子殺死。哈爾帕哥斯當面答應得很好，但把孩子帶回去以後，考慮到直接做凶手的多種不利因素，不願親手殺死孩子，於是他想法又轉嫁給阿司杜阿該斯的一個奴隸——波斯牧民米特拉達鐵斯去幹。牧民接到這個命令，把孩子抱回家裡，看到孩子穿戴的衣服就明白了孩子的身分。這時他的妻子斯柏科也正好生下了孩子，但死了。斯柏科就要米特拉達鐵斯用自己的死嬰換下王子。牧民同意了，給兩個孩子交換了衣服，按命令的要求，把孩子丟在最荒涼的地方，騙過了哈爾帕哥斯的檢查。

孩子長到了十歲那年，有一天，孩子們玩遊戲，要選一個國王。大家都選了這個牧民的兒子。這個孩子國王彷彿天生具有做國王的才能，他很像樣地建立衛隊，發號施令。有一個美地亞有名人士的孩子也在其中，他不願服從波斯孩子當的國王，結果被「國王」號令，狠狠鞭打了一頓。這件奴隸打上等人的事情後來一直鬧到國王那裡。國王把牧民和他的孩子叫來，對孩子說：「是你這樣一個賤人的兒子竟敢對我們國內最大人物的兒子施行無禮嗎？」孩子回答：「可是國王，我對他的待遇本是他罪有應得的。我們村裡的孩子在玩耍時選我做國王，因為他們認為我是最合適的人。這個孩子自己也是選我做為國王的其中之一個。所有其他的孩子都按照我的吩咐去辦事，可是他不聽我的話，並且根本不把我放在眼裡，因此最後他受到應得的處分。如果為了這個緣故我應受懲罰，我是願意接受懲罰的。」

當這個孩子講話的時候，阿司杜阿該斯好像已經覺察出他是何許人了。他看到這孩子的眉目之間有和自己相似之處，而且在回答的時候有一種和奴隸的身分相去甚遠的氣度，加上年

齡又和他拋棄的外孫居魯士完全相合。國王當時大吃一驚，但沒露聲色。事後把牧民一家引入內室，經過一番逼問和威脅，迫使牧民說出真相。

國王假裝後悔拋棄外孫，現重新得到外孫要喜慶一下，邀請哈爾帕哥斯送兒子來一起進餐。哈爾帕哥斯起初以為自己沒有執行王命，親手殺死孩子，現在有了轉機，國王不懲罰自己，反而請他赴宴是一種幸運。但等他第二天與國王進餐時，發現他面前的肉食與別人的不一樣。等他吃完後，國王叫隨從將旁邊籃子裡他兒子的手腳和頭拿給他看。然而，他看了之後並沒有被嚇住，也沒有失去自制力。當國王問他吃什麼肉時，他回答：他知道，並且說他對國王所做的任何事都是感到相當滿意的。

國王用這種方法懲罰了哈爾帕哥斯。但在居魯士的問題上，他還是請占夢的瑪哥斯僧來解釋。在得到了沒有危險的解答後，國王把居魯士送回真正的父母那裡。

居魯士在回自己父母身邊去的路上，護送人告訴了他一切真相。以後居魯士長大成為同輩中最勇而有聲望的人時，被國王殺掉兒子當肉食的哈爾帕哥斯便想利用居魯士的力量來向國王報仇。他抓住一個時機，給居魯士送了一封密信，又裡應外合，打敗了阿司杜阿該斯。居魯士真的成了接替阿司杜阿該斯的國王，後來並且成為征服亞細亞的波斯大帝國國王。

在希羅多德的歷史記載中，我們看到居魯士的命運似乎是在神諭的夢示中，但實際上真實的原因在於國王阿司杜阿該斯的殘暴激起了人們心中反抗的一面，神示只不過是這種反抗心理的必然性之假託。

這種記述歷史的智慧，需要在細細品味中領悟其中的真理性；神奇的命運恰恰是在神奇的處理中不言自明了。

# 政論家的幸福

幸福是人人生活中追求的共同目標，但人人追求的幸福目標又不盡相同。因而幸福令人嚮往，又使人迷茫。而在所有人的幸福中，政論家的幸福是最變幻莫測、撲朔迷離的。

古希臘著名的改革家梭倫與克洛伊索斯國王關於幸福的對話和事實的應驗，深刻地揭示了人生中的這一迷幻景象。

當克洛伊索斯征服了哈律司河西邊幾乎所有的部落，成為一個富有、強大國家的國王時，希臘的一些賢者相繼來到這個國家，其中就有著名的梭倫。克洛伊索斯隆重地在宮殿裡接待了梭倫，命令臣僕帶領梭倫去參觀他的寶庫。欣賞他的一切偉大和華貴的生活之後，克洛伊索斯趁機問梭倫：「雅典的客人啊，我們聽到了很多關於您的智慧，關於您為了求知和視察外界而巡遊列國的事。因此我很想向您請教一下，到目前為止，在您所遇到的所有人中間，怎樣的人是最幸福的？」他之所以這樣問，是因為他認為自己是人間最幸福的人。

然而，梭倫卻正直無私，毫不諂媚地回答：「國王啊！我看是雅典的泰洛斯。」

聽到這話，克洛伊索斯感到驚訝，就問為什麼泰洛斯是最幸福的？

梭倫回答：「第一，因為泰洛斯的城邦是繁榮的，而且他又有出色的孩子，他在世時又看到他的孩子們也都有了孩子，並且這些孩子也都長大成人了；其次，因為他一生一世享盡了人間的安樂，卻又死得極其光榮：當雅典人在埃列烏西斯和鄰國人作戰的時候，他前來援助本國人，擊潰了敵人並極其英勇地死在疆場之上了。雅典人在他陣亡的地點為他舉行了國葬，

·梭倫（約前 638-前 559）

並給了他很大的榮譽。」

　　克洛伊索斯又問梭倫，除了泰洛斯之外，在他看來，誰是最幸福的。心裡以為，無論怎樣，好歹自己總會排在第二位吧！可是梭倫又說了其他兩個阿爾哥斯人，他們富有、幸運，一生中得過很多榮耀，最後為母親趕赴神殿朝拜，沒有牛馬，就將車套在自己身上趕了很長的路，到達目的地後，安然死去，死得十分光彩，受到朝拜的人們讚賞，最後大家把他們的屍體安葬在神殿裡。

　　聽到梭倫這樣說，克洛伊索斯發火了。他說：「雅典的客人啊！為什麼您把我的幸福這樣不放在眼裡，竟認為它還不如一個普通人？」

　　梭倫回答國王說：「人世間的萬事是完全無法逆料的，沒有兩天的事情會是一樣的。現在你極為富有，並且統治著許多

人，是一個國王。然而就你提出的問題來說，只有在我聽到你幸福地結束了你的一生時，才能夠給你回答。毫無疑問，縱然是豪富的人物，除非是他很幸福地把他全部的巨大財富一直享受到他臨終的時候，他是不能說比僅能維持當日生活的普通人更幸福的。因為許多最有錢的人並不幸福，而許多只有中等財產的人卻是幸福的。擁有巨大財富的不幸者只有兩個方面優於幸福的人，即有能力滿足他的慾望，也更有能力承受大災難的打擊。但幸福的人卻在許多方面都超過了前者。後者當然不能像前者那樣滿足自己的慾望並且也經不住大災難，然而他的幸運卻使這些災難不會臨到自己身上。此外，他還會享受到這樣的一些幸福：他的身體不會殘廢，不會生病，也不會遇禍，有好孩子，又總是心情愉快。如果在這一切之外，他又得到善終，這便是夠得上幸福的人了。」

梭倫描述了幸福，卻又更深刻地指出：「這樣的人與其說是幸福，不如說是幸運，因為沒有人是十全十美，擁有一切優越而沒有缺陷的。若能保持最多的美好事情，直到安樂死去，那是幸運之神給了他幸福。」

最後他說：「國王啊！不管在什麼事情上面，我們都必須好好地注意一下它的結尾，因為神往往不過是讓許多人看到幸福的一個影子，隨後便把他們推上毀滅的道路。」

這番話，使克洛伊索斯十分不愉快。他認為像這樣一個忽視眼前的幸福，卻要在每件事上都看結果的人是個不折不扣的大傻瓜，於是完全不把梭倫放在眼裡，把他送走了。

後來，克洛伊索斯的命運果然發生了大變化。梭倫離開後，他的一個心愛的王子被自己信任的人誤傷致死，使他悲痛萬分。以後又經歷了複雜的戰事，在他統治了十四年之後，他

得到一個判斷錯誤的神示，與強大的波斯人作戰，最後失敗，毀掉自己的大帝國，自己成了俘虜。與其作戰的波斯國王居魯士命令把克洛伊索斯放在柴堆上活活燒死。

直到處在這樣悲慘的境地，克洛伊索斯才想起梭倫彷彿神意所示的那番話語，開始體會到活著的人沒有一個能夠說自己是幸福的。他深深地歎了一口氣，連叫了三次梭倫的名字。居魯士聽到叫聲，不解其意，叫人前去問他。克洛伊索斯講了梭倫曾經對他說過的話。翻譯把此話轉達給居魯士，但這時木柴已經點著了火。

居魯士聽了大受感動，他覺得自己既然也是一個人，卻正在活活燒死過去也曾和他自己一樣幸福的另外一個人，誰能保證自己將來不受報應。他深為世事之無常而感慨，於是下令趕快把火焰撲滅。

但此時柴火已旺，無法撲滅。正在進退兩難，感慨人生時，天上突然烏雲密布，下起了暴雨，雨水澆滅了大火。天時的巧合產生了神的效應，於是居魯士深信天意如此，克洛伊索斯是神所眷愛的好人。他下令把克洛伊索斯放下，鬆了綁，叫他坐在自己身邊，待為賓客。

這時克洛伊索斯看見波斯兵正在他的城邦中到處搶劫，就故意問居魯士，他們忙忙碌碌在幹什麼？居魯士說：「他們正在掠奪你的城市並拿走你的財富。」

但克洛伊索斯說：「不是我的城市，也不是我的財富，這些現在已不再有我的份了；我已成了你的奴隸，我曾經所有的一切現在都屬於你的，他們正在掠奪你的財富呀！」居魯士被他一語點醒，立刻下令停止掠奪。

以後克洛伊索斯就留在居魯士身邊，為居魯士出了不少治國的點子。

# 移位的良心

　　人的生命是奇妙的，奇妙之一就在於人的精神生命和肉體生命的游移錯位。當肉體的生命處在現實的苦難中時，精神的生命常常飛向遙遠的幸福；而當肉體的生命處在悠閑寧靜中時，精神的生命卻在空虛中擔憂掙扎。

　　如果說古希臘的哲學家是在智慧中尋找這種奇妙，那麼歷史學家則是在這種奇妙中尋找智慧。

　　修昔底德和色諾芬，他們都是雅典人，共同經歷過戰爭和雅典的失敗。然而，在他們筆下出現的古希臘卻彷彿是兩個完全不同的世界。修昔底德的世界被戰爭破壞得千瘡百孔，分崩離析，沒有希望，也沒有幸福。而色諾芬的世界則是一個愉快的樂園，周圍的人們和藹可親，大家和諧地歡度著快樂的時光。

　　有趣的是，這種截然相反的歷史視角又是與他們自身截然相反的處境聯繫在一起的。修昔底德對戰爭的擔憂恰恰不是因為他置身於戰事之中，而是退出戰事之外的時候；他是用自己平靜的良心而不是用自己奮鬥的熱情去介入戰爭，進行思考的結果。色諾芬的輕快卻是因為他全身心投入最艱苦、最危險的戰爭，反而讓良心超越出來，描述生活的美好和甜蜜，人生的和諧與幸福，以此去為危難的戰爭尋找前景，尋找意義和目標。因此，他們的作品不是心隨身行的產物，而是良心移位的精品。

　　移位的良心，雖然表現了歷史學家個人適應複雜的社會生活的奇異能力，可他們留下的作品卻在互補反映中構成了古希臘歷史完整的智慧形式。

　　簡單了解一下他們的主要經歷和觀點，可以更深刻地體會到這種奇妙智慧的構成形式。

· 修昔底德（約前 460～455-400）

　　修昔底德曾經是雅典軍隊中的一名軍官。在一次戰爭中，將軍派他到安菲城去救援，水上距離有半天路程。修昔底德率領七艘軍艦，加速航駛，希望在安菲城守軍堅守之時趕到。想不到修昔底德的軍艦在當天晚上趕到時，安菲城守區軍民已經投降了。根據雅典的規矩，不稱職的軍官必須受懲罰，於是他被放逐了。這在當時是一件極重的懲罰，從一個被祖國信任的人變成一個沒有祖國的人，精神上如同被判處了死刑。但修昔底德卻安然處之，他因此而獲得了置身事外，平靜觀察事變的清閑時間和地位。他沒有痛恨，也沒有偏見，開始創作起歷史

著作。正是他的這種特殊境遇和位置，使他對發生在生活周遭的軍事事件，可以保持中立和客觀的立場，反映出事變的真實規律。這彷彿是歷史特意安排的一個環節，讓古希臘文化為後人留下極有價值的《伯羅奔尼撒戰爭史》。

與修昔底德相反的是，色諾芬多次捲入戰火之中，而且在一次最艱苦的戰爭中，部隊將領都被敵方誘騙殺死，部隊面臨毀滅的危險。色諾芬這時由一個平民而出頭，成了這個部隊的統領，挽救了這個部隊的命運。在戰爭中，他飽嘗了生活的艱難困苦，最深切地體會到戰爭手段的殘酷。

但是修昔底德在戰爭之外的平靜中卻寫下戰爭罪惡的歷史根源，而色諾芬則在殘酷的戰爭體驗後描寫了古希臘人健康、歡樂、友善、智慧的生活。他們構成了古希臘社會的正反兩面，顯示了同一時代的不同價值。

修昔底德透過戰爭誘發的具體因素，深入到人的本質，揭示了戰爭的動機是人的貪婪、狂熱地追求權力和占有慾，是超越一切權力和財富的占有狂熱。他看到雅典和斯巴達作戰的一個共同原因，就是他們都十分強大，於是被迫要尋求更大的權力。他認為雅典的民主制和斯巴達的寡頭政治並不是戰爭的原因，他認為統治方式上的差別是可以共存的，問題的根源在於權力本身，權力是使人墮落的腐化劑。比如雅典在對一個要求中立的米洛斯小島國進行征服前的談話和征服時的行為，就充分証明了這一點。

米洛斯人對雅典的使者說，他們沒有做錯事，對他們發動戰爭是不公平的。雅典使節回答：「公正只是在雙方勢均力敵時才有可能。強大的一方總要索取他們能夠索取的東西，而弱小的一方只得承諾他們必須承諾的義務。」

米洛斯人說；「你們故意不講公正。尊重公正符合你們的

利益，因為你們萬一失敗了，你們就能夠向公正求援。」

雅典的使節毫不否認地說：「你們必須允許我們冒這個風險。我們的觀點是我們要制服你們，而又不給我們自己帶來任何麻煩。而且，對你們來說，也比現在這樣好。」

「成為你們的奴隸嗎？」米洛斯人問道。

「這樣將使你們避免更糟糕的命運。」

「你們不同意讓我們保持和平，只作為你們的朋友，不作為你們的同盟嗎？」

「不同意！」雅典人回答：「我們不需要你們的友誼，它只能証明我們的懦弱。相反，你們的憎恨是我們力量的証明。」

米洛斯人抗爭的結果是被雅典人不費氣力地征服了。雅典人殺盡了島上的全部男子，把婦女和兒童一律作為奴隸收容。面對這種情況下的雅典，修昔底德寫道：在那個時候，欺騙變成了精明而受到讚揚，蠻幹被理解為勇敢；忠實、慎重、慷慨被看作軟弱而被人嗤之以鼻。友善、好意本來是高尚氣質的主要因素，卻遭到冷遇與白眼而銷聲匿跡了；人與人之間互不信任。這就是雅典人追求權力的最後結果。

修昔底德從權力對人類本性造成腐化的角度上對戰爭所做的解釋，並不符合後來的階級分析觀點以及對戰爭之正義和非正義的區分。但從他的時代以及今日社會越來越深化的人性理論來看，他的觀點無疑是深刻而有價值的。

而色諾芬描寫了希臘人狩獵的驚險和快樂生活；描寫雅典人的宴會，各種佳賓的高談潤論和沈醉歡樂；描寫孩子與父母的生活氣息；描寫男女情人的甜蜜生活；描寫體育和舞蹈。色諾芬描寫希臘人的生活，是那麼平常，但卻反映出伯里克利時代人性的另一面：人們在戰禍劫難之中，仍然有快樂的聚會，

整潔的家庭，聰明的孩子，歡樂的獵手，人與人之間的真誠、熱情、通情達理。這種人性與修昔底德筆下人性的貪婪、權慾的膨脹、互相殘殺、陰謀詭計，正好構成鮮明的對照。

然而，這種截然相反的人性恰好是互補的、統一的。在哲學家的邏輯中，這種統一是抽象的、乾枯的；而在這兩位歷史學家身上，這種統一是由他們的良心介入的活生生的事變，是一幅雄偉壯麗的歷史圖畫，幾千年來一直保持著鮮艷的色彩。

這種看似平淡的智慧一旦放在今日人們追求發財，縱情犬馬聲色，同時又焦慮、煩躁、嫉妒的現代心理氛圍和生存處境中，我們就會體會到一種豁然開朗的感悟。一語中的，這正是智慧的天趣。


# 追問人生和命運

對人生和命運的追問是古希臘悲劇的一個主題，也是他們以文藝形式闡述他們的智慧思考的方式之一。

古希臘的悲劇題材不是以現實生活為原型，而是取材於觀眾們所熟悉的神話傳說。但他們不是僅僅說說古老的故事，博取觀眾的幾滴眼淚，而是蘊涵著他們對人生及命運的追問。因而，人們在悲劇中不僅獲得觀戲的快樂，而且還由此發現對生活的一種闡釋，並與自己嚴肅的思考產生了共鳴。

希臘悲劇對人生的追問是通過昔日英雄的生活和命運得以展開的。戲劇中的主角無論在好的方面還是在壞的方面，在他們的品質和功績上，在孕育重大的問題上，在作為現世命運的成功者或失敗者上都要比常人偉大。

亞里斯多德認為：「一個十足的壞蛋不可能是悲劇人物，

因為他不會獲得觀眾的同情。如果他得志，那是對共同的人類情感的傷害；如果他遭殃，那只是他罪有應得。表現一個大好人的厄運也是難以接受的，因為這種厄運只會引起痛苦和憂傷。尤其不能容忍的是無緣無故地引入純粹低級庸俗、瘋狂或其他偏離人類本性的行為。真正的悲劇英雄是一個地位顯赫、出身高貴的人。雖然生性並不卑鄙，卻陷入罪孽中，結果因其行為而飽受內心折磨的懲罰。」

　　亞里斯多德的這幾句話最清楚地說明了古希臘悲劇的特徵。這就使希臘悲劇同一般的因果報應故事有了區別。

　　埃斯庫羅斯是通過他筆下的悲劇英雄普羅米修斯對人生及命運提出詰問的。當普羅米修斯由於瀆神行為被宙斯鎖在高加索山的峭壁上，成年累月受著一隻兀鷹的折磨，他仍堅韌不拔，向蒼天、長風訴說著心中的不平——

> 明朗的蒼空，迅飛的飄風，
> 滔滔的長川，歡笑的波瀾，
> 撫育萬物的地母，洞燭萬象的日環！
> 我向你們呼籲，請你們看，
> 我，一尊神，受到尊神磨難！
> 請看我受盡何等憂患，
> 要經歷萬年歲月漫漫；
> 這就是諸神的新天君
> 加給我的可恥的羈絆。
> ……
> 我能預知和洞燭未來的變幻，
> 我絕不會遭受意外的災難；
> 注定的命運，必須泰然承擔，

明知是定數，我不能倒挽狂瀾；
我不能默然，也不能不默然
忍受這痛苦；為了加惠蒼生，
我不得不忍受縲紲的摧殘。
我尋出天火，藏在茴香桿，
我盜取火種，偷送付人間。
它是百藝之師，資源之冠。
就因這罪過，我成為囚犯，
披枷戴鎖，默對空廓天藍！

　　埃斯庫羅斯在這一齣他最為著名的悲劇《被縛的普羅米修斯》中，對命運提出了疑問：為什麼一個心地善良的無辜者要遭受上天如此折磨。普羅米修斯苦苦思索，卻找不到答案。在這裡，埃斯庫羅斯借助於普羅米修斯這一神話人物的遭遇，說明了人的願望與其結果之間的脫節。這種脫節在索福克勒斯的悲劇中得到了進一步的深化。

　　索福克勒斯在《安提戈涅》中通過合唱隊，對人類做了如下的描述——

　　奇異的事物雖然多，卻沒有一件比人更奇異。他要在狂暴的南風下渡過灰色的海，在洶湧的波浪間冒險航行；那不朽不倦的大地，最高的女神，他要去攪擾，用變種的馬耕地，犁頭年年來回地犁土。

　　他用多網眼的網兜兒捕那快樂的飛鳥、凶猛的走獸和海裡的游魚——人真是聰明無比！他用技巧制服了居住在曠野的猛獸，馴服了鬃毛蓬鬆的馬，使它們引頸受軛；他還把不知疲倦

的山牛也養馴了。

　　他學會了怎樣運用語言和像風一般快的思想，怎樣養成社會生活的習性，怎樣在不利於露宿的時候躲避霜箭和雨箭。什麼事他都有對策，對未來的事也樣樣有辦法；甚至難以醫治的疾病，他都能設法避免，只是無法免於死亡。

　　然而在索福克勒斯的筆下，人的這種聰明並不能使他的意願與其行為的結果保持一致。在著名的悲劇《俄狄浦斯王》中，聰明而善良的俄狄浦斯雖然竭力想擺脫阿波羅神所昭示的命運，結果卻在無意識中按照神諭去做了。

　　實際上，索福克勒斯在這裡向我們提出了一個永恆的斯芬克司之謎：人究竟是什麼？

　　與埃斯庫羅斯和索福克勒斯不一樣，歐里庇得斯對傳統的理想和信仰做了一種批判性的闡釋。在他的筆下，神祇是好妒忌猜疑，淫污好色之輩——

　　　　不要說天上沒有通姦的男女，
　　　　我很早就覺得這不真實。
　　　　上帝——假如他真是上帝——
　　　　什麼也不會缺少。
　　　　一切都是騙人的鬼話。

在他的筆下，一切都得重新審視——

　　　　誰知道，我們所說的死亡不是生命，

我們所說的生活不在死亡——
誰能知道？
只有一點除外，
在太陽底下的我們大家
都是病人，經受著苦難。
只有去世的人們，
既沒有病，也沒有纏身的邪惡。


　　古希臘人對人類命運的追問，既帶有人類童年的天真，但也包含著人類智慧的真諦。他們沒有對神的迷信，沒有消極的屈服，充滿著抗爭，大膽地揭露人神共有的卑鄙和高尚。這種在人類童年時代的天真中閃爍的智慧，即使在現代，尚有不及之處。

　　現代人在經歷了幾千年文明積累的人類智慧之基礎上，面對命運仍然束手無策。人類自從告別了古希臘時代的自由精神以後，就始終沒有擺脫過神靈和迷信的控制。科學文明興起以後，人類以為從此便能夠一掃迷信和愚昧，從此可以創造自己的世界，把握自己的命運；卻不知這種興奮和期望仍然只是一種迷信的延續，只不過把對神靈的迷信轉移為對科學的迷信。

　　科學並非萬能，尤其在人文領域，科學根本無法操作人類的精神和意志。科學主義只是一種現代迷信，當它失靈的時候，人們又重新撿起古老的占星術、相面術、手相術，特別是中國古代最有影響的《易經》占卜術等。

　　人們始終期待著能掌握自己的命運，但人們始終沒能真正找到掌握命運的方法。命運是什麼？掌握命運的方法何在？這兩個古希臘人提出的智慧命題，至今猶如松柏一樣青翠蔥鬱，生命長存。

# Chapter 5
# 悲歡的啟示

　　人們在痛苦的時候會渴望幸福，可是幸福的時候卻不會嚮往痛苦。人們幸福了，還想獲得更大的幸福；達到了人間最大的快樂，還想獲得天堂上的歡樂。這就是水往低處流，心向高處走的自然規律。

　　但是人們常常需要水有往高處流的時候，上帝也總是需要人心有向低處走的時光。中國文化，自古就仿照大自然的陰晴圓缺來規範人心的運變規律：樂極生悲；福兮禍所伏，禍兮福所倚。

　　不過，古希臘文化卻通過另一種形式來獲得人生的這種真諦，那就是他們從悲歡的兩個方面去思考，去啟示。追求歡樂的，盡情去追求，用全部的智慧去排遣痛苦和悲哀。正因為如此，當陷入不可逃避的痛苦時，才顯示出自然的、非人為的真實規律。對這種規律進行思考，便獲得了古希臘真正的智慧。

# 天堂似的愛，地獄般的恨

當觀賞莎翁名劇《羅密歐與茱麗葉》，或者賞覽中國的愛情片《梁山伯與祝英台》時，人們大都不會懷疑這種互相殉情的行為是愛到極端的表現。但如果聽到有誰因得不到意中人而將意中人殘酷殺死的消息，則往往會憤憤地痛罵這是獸性般的野蠻，而不是愛情。

然而這兩種截然不同的死法、道德和審美價值天壤之別的悲劇，在根本上卻是受人性深處同一種力量的支配，而這種力量其實並不是愛情。

道德、詩歌、情感、價值，種種人間的美化物，就像商品的包裝，把貨物真實的成分掩蓋起來了；而罪惡、詛咒、野蠻、卑劣則是剝掉偽裝後的解剖，把真實的本質暴露無遺。

性是人心深處的一種能源，它常常用愛來偽裝自己，其實它是一種真正的野性和可怕的力量。當它能夠得到釋放時，會愛得發瘋，不顧一切；當它的釋放途徑受阻時，又會恨得暴裂，毀滅天地。

現代人常常沈迷於愛的陶醉，把這種大喜大悲、大起大落、天上地下的狂濤當作千年的愛情主題去歌頌，去描寫，這就始終沒有走出性和愛攪和而成的迷陣。

其實，從大喜大悲、歡樂痛苦的人生比較和心理反差中，人們就應該學會一種真正的思考，揭開一種真實的謎底。

在這方面，古希臘人反倒比現代人看得更明白，顯得更智慧。他們沒有各種虛假文明、道德觀念的沈重覆蓋，對人性表現出來的熱狂和悲烈，憑著智慧的直覺去判斷，去思考，因而反倒比今天的人們更接近真實。

比如古希臘著名悲劇《美狄亞》，就表現了愛和恨的極

端。而在作者的思考中，並沒有把這種現象作為一種愛來大肆頌揚，而只是借用美狄亞在希臘神話中的女巫身分，暗示了這是一種魔力。劇情大致是這樣的——

篡奪兄長王位的伊阿洛斯王珀利阿斯為了進一步消滅禍患，慫恿他的侄子伊阿宋去科爾斯尋找金羊毛。但金羊毛是由鼻孔裡噴火的牛和一條巨龍看管的。科爾基斯國王的女兒美狄亞因為愛上希臘英雄伊阿宋，用巫術幫助伊阿宋制伏了火牛和巨龍，取得了金羊毛。美狄亞決定隨伊阿宋一起逃走。在逃走時，她又用計殺死了自己的兄弟。美狄亞同伊阿宋來到伊阿洛斯，在那裡他們結了婚。美狄亞為了替伊阿宋報仇，又利用篡奪王位的珀利阿斯的女兒殺死了國王。為此他們逃到了科林斯，在那裡一住十年，卻不料發生了一件意外的事。歐氏的悲劇《美狄亞》就是從這裡寫起的。

在歐氏筆下，我們可以看到，人與命運的鬥爭這種傳統的悲劇主題漸漸轉變為人與環境的搏鬥和內心衝突的展示。因而神話式的公主成了受苦受難的婦女，她像普通婦女一樣飽受痛苦之煎熬。

話說美狄亞和伊阿宋已經生了兩個兒子，可是為了另覓新歡和覬覦科林斯的王位，伊阿宋卻背棄兩人的盟約，和科林斯公主結了婚。而科林斯國王又要把美狄亞驅逐出境。在這裡，歐氏通過保姆之口，細膩地刻劃了美狄亞在聽到這一消息時的悲痛心理——

美狄亞——那可憐的女人——受了委屈，她念著伊阿宋的誓言，控訴他當初伸著右手今出的盟誓，那最大的保証。她祈求神明作證，証明她從伊阿宋那裡得到了一個什麼樣的報答。她躺在地上，不進飲食，全身都浸在悲哀裡。自從她知道她丈

夫委屈了她，她便一直流淚，憔悴下來。她的眼睛不肯向上望，她的臉也不肯離開地面。她就像石頭或海浪一樣，不肯聽朋友的勸慰……

　　她甚至恨起她的兒子來，一看見他們，就不高興。

美狄亞不由得悲歎道——

　　我已經完了！我寧願死掉！這生命已沒有一點樂趣！我那丈夫，我一生的幸福所倚靠的丈夫，已變成了這人間最邪惡的人！

　　然而，美狄亞畢竟是美狄亞，面對如此悲慘的遭遇，她並不想忍氣吞聲，她要借助於自己「陰森的」機智進行反擊。她假裝同伊阿宋和解，並情願被放逐，只讓伊阿宋請求他的新娘向國王說情，讓她的兩個兒子留在科林斯。伊阿宋答應了她的要求。於是美狄亞讓她的兩個兒子拿著「金冠」和「錦袍」去送給新娘，作為賀禮。原來美狄亞在袍冠上面塗了毒藥，因而當新娘興高采烈地穿戴起來時，突然中毒而死。國王得悉後，跑來擁抱其女兒，也中毒身亡。為了加重伊阿宋的痛苦，也為了免遭王室的加害，美狄亞又親手殺死自己的兩個兒子。最後美狄亞乘著龍車，飛往雅典。

　　在一般人的眼中，美狄亞也許太狠毒了。俗話說，「虎毒不食子。」她卻為了報復負心郎而殺死自己的兩個兒子。然而這只是這部戲劇的表層現象，在這部戲的深層，實際上歐氏對當時社會和家庭中的不合理現象：即女人在家庭中處於同奴隸

一樣的地位，進行了批判。一往情深，甚至可以說視愛情為生命的美狄亞只因在被逼得走投無路的情況下，才對那位假心假意的負心漢實施了報復。因此罪之根源不在美狄亞，而在背棄誓約，另覓新歡，覬覦王位的伊阿宋，在於不合理的男女地位。所以歐氏才被人們稱為具有現代精神的悲劇詩人。

在劇中，歐氏通過美狄亞之口，表述了他對婦女地位的深刻洞見——

> 在一切有理智、有靈性的生物當中，我們女人算是最不幸的。首先，我們得用重金爭購一個丈夫，他反會變成我們的主人；但是，如果不去購買丈夫，那又是更可悲的事。而最重要的後果還要看我們得到的是一個好丈夫，還是一個壞傢伙。因為離婚對於我們女人是不名譽的事，我們又不能把我們的丈夫轟出去。一個在家裡什麼都不懂的女子？走進一種新的習慣和風俗裡面，得變作一個先知？知道怎樣駕馭她的丈夫。如果這事做得很成功？我們的丈夫接受婚姻的羈絆，那麼，我們的生活便是可羨的；要不然，我們還是死了的好。
>
> 一個男人同家裡的人住得膩煩了，可以到外面去散散他心裡的鬱積（不是找朋友，就是找玩樂的人）。可是我們女人就只能靠著一個人。他們男人反說我們安處在家裡，全然沒有生命危險；他們卻要拿著長矛上陣。這說法真是荒謬。我寧願提著盾牌打三次仗，也不願生一次孩子。

在這裡，歐里庇得斯讓美狄亞這位原先是神話中的人物，說出了似乎是現代女權主義者口中的話語。這說明歐里庇得斯

對當時的社會狀況以及人的心理具有一種敏銳的洞察力。這也印証了我們序言中的開場白：智慧沒有童年。

反觀我們目前的一些文學戲劇作品，說的雖然是現代的事，由於缺乏對社會和人心的洞見，往往有一種陳舊感。這說明新與舊不是由時間決定的，而是由我們的智慧通達的。有智慧就能時時出新，無智慧則只能人云亦云，跟潮水，隨大流。

# 快樂之道

快樂，對於個人，只蘊藏在平常的感覺中，但對於一個民族來說，就表現出神奇的智慧和特殊的文化。

快樂是古希臘人生活的重要內容，因而也是古希臘人智慧的主要表現。其所以是智慧的，因為古希臘人的快樂並不是大自然恩賜了他們足夠享受的富饒土地和無盡財寶，相反，是在困苦和艱難的環境中通過頑強的奮鬥而表現出來的。

希臘的土壤貧瘠，山嶺綿延，懸崖絕壁，岩石嶙峋，冬天氣候特別寒冷。希臘人必須靠辛勤勞動才能維持生活。許多民族在身受苦難的折磨、終年辛勤勞作的情況下會顯得死氣沈沈，沒有歡樂。但希臘是一個特殊的民族，他們在面對困難滿蘊奮鬥精神的同時，生活中更充滿了歡樂情趣。

他們所進行的歡樂活動，其內容之豐富、規模之宏大是古代世界上最傑出的。他們在全國各地不斷舉行各種比賽，如賽馬、划船、火炬賽跑、音樂比賽、對唱比賽、舞蹈比賽，還有與戰爭有關的擲鐵餅比賽、駕戰車比賽、摔角比賽、縱身跳躍比賽、搶登奔馳中的戰車等比賽。這種對比賽的興趣，形成了希臘人競爭的榮譽感。

從希臘人的精神主旋律中可以看到世界的美麗和生活的歡樂。這並不是他們感受不到痛苦，而是他們深切懂得人生的痛苦，才更珍惜生活的歡樂。希臘文化中充滿了歡樂與悲哀、喜劇與悲劇那種黑白分明、色調別緻的風格，這種特殊的文化凝結了他們對生命、對人生所具有的智慧。

希臘人的歡樂是盡情的、自然的，但希臘人的歡樂又是理智的、神奇的。這就是他們並不只是停留在生命自然的快樂上，而是在這種自然快感的基礎上不斷探尋屬於人類本性中深層的快樂。在探索中，他們揭示了人性中不同層次的快樂原則，而這些原則似乎又是相互矛盾、無法共存的。這樣，當古希臘人面對各種不同層次的快樂時，就必須運用特殊的智慧。

在古希臘的智者中，有一個居勒尼學派，它的創始人阿里斯底波就是一個快樂主義者。他認為個人的快樂和享受是理性所追求的唯一東西。這種用理性追求的快樂不是簡單的物慾之快樂，而是超物欲的、人類精神領域的快樂。這種快樂有時是與直感中的快樂相反的。比如生活中有很多情況，開始看上去似乎是很快樂的，但結果會陷入極大的痛苦。趨樂避苦是人的本性，如果一個人不能看到有些表面快樂的事件後面蘊含危險與痛苦，無法識別有些開始雖艱苦，後來卻有真快樂的事物，那麼人生追求快樂的目標就會落空。所以他把快樂主義的原則建立在理性的基礎上。

阿里斯底波的這種理性，表現為他對生活中各種變化的忍耐和自在精神。有人說他可以生活在一切環境之中，無論在國王們的宮廷中，還是在窘困的情況下，都始終如一。柏拉圖說他是唯一可以穿紫袍，也可以穿破衣的人。他曾住在敘拉古的僭主狄奧尼修一世的宮廷中倍受寵愛。

犬儒派的第歐根尼，一個主張回到大自然中去生活的學者

罵他為御犬、僭主的走狗，他卻毫不在乎，並不感到有道德或人格上的內疚。因為他把快樂作為最高原則，其他道德之類，都要符合快樂的原則：凡是符合快樂的原則，就是道德的、善的、美好的；凡是不符合快樂的原則，就是不道德的、惡的、醜的。有一次，狄奧尼修向他吐了一口痰。他耐心地忍著。當別人為此責備他時，他說：「漁夫們為了捕一條可憐的小魚，不惜讓海水濺在身上；我為了捕一條大鯨魚，豈不應當忍受一點。」

對於阿里斯底波快樂主義的具體表現，我們沒有必要從現代的道德觀念出發去多加評論，因為古希臘是人類文明的探索時期，每一項文明的內容，當它作為被探索的主要對象時，都是被放到最高位置的。後來，才在各種內容的平衡下，降落到文明系統中的恰當地位。今天從我們的眼光看去，只是從中體味他的智慧。作為維護快樂的目的，他不在乎地位和名聲，只是尋找恆久保持快樂的生活方法，這是充滿機智的。

現代人常常將快樂依附於功名、地位和金錢，這種快樂是異化了的。阿里斯底波的快樂是沒有這種依附的，他利用地位卻不依附地位。在僭主家裡，他保持著高度的獨立性；他不放棄掙錢，凡是向他求教的，他都向人家索取報酬，但卻不依附金錢。他認為錢與快樂中所產生的後果是相反的，因此他平時對錢抱持無所謂的態度。有一次，在非洲的旅行中，他看到奴隸扛一大筆錢太累了，就說：「把太多的錢扔了吧！能拿多少就拿多少。」

阿里斯底波的這種快樂主義是在古希臘普遍出現的自然快感的基礎上出現的理性形式。作為一種探索，它提高了一個層次；作為一個理論，又是很不完善、充滿矛盾的。因為純粹的快樂並不是現實的形式，而只是原則的抽象。在現實生活中，

具體的快樂總是通過物質享受或精神享受去表現。物質享受往往跟占有聯繫在一起，純粹的快樂主義一旦倒向物質占有上的不擇手段，就會直接危害道德與人性，而高尚的道德與人性本就屬於精神享受的形式。反之，純粹的快樂主義一日一傾向於精神上的高尚與奉獻，就會處處壓抑自己的物質慾望，走入苦行僧的道路。這樣，物質享受的快樂主義與精神享受的快樂主義便發生對立的衝突。

這種衝突不僅存在現實中，而且在理論中出現，使古希臘智慧在快樂的人生道路上展開了豐富的內容。快樂人生之中對立的出現和發展，是古希臘人深入認識人生快樂的一個中間過程。一旦從這種分裂的快樂中獲得了新的統一，古希臘人對快樂的認識必然上升到一個新的智慧之台階。

這個認識過程，直到亞里斯多德才出現了完善的形式。他把快感分為三個層次：（一）是嗅覺、味覺和觸覺，（二）是視覺和聽覺，（三）是心靈的感覺。

第一層是與動物共有的，是最低級的快樂。第二層次比較接近心靈，它不僅可以透出人的品格，而且能使人認識事物，欣賞事物的美，陶冶自己的性情。最高層次是心靈的快感，這是一種智慧的展現，從自我思想的合理性中，從行為的崇高中獲得真正的快樂。這種快樂超越了狹隘的私慾，表現為真理性和偉大的事業性。

在古希臘，快感之表現為慾念還是表現為理性的矛盾已經被揭示出來，並成為不同派別各執一端的理論根據。亞里斯多德將兩者合理地統一起來。他認為，快感中不能沒有理性，理性不健全的人不可能有真正的快感；同時，快感也必須包含慾念的因素，失掉慾念的人也談不上什麼快感。他把慾念和理性當作靈魂的兩個組成部分，把它們兩者和諧的結合說成是一種

美德。

　　亞里斯多德的理論反映出古希臘人快樂之特性的全貌，而亞里斯多德以前各派的不同快樂觀雖然各有不全的一面，但作為希臘智慧對自己民族的快樂之特性的反思，是一種在精神探索過程中的不足。亞里斯多德綜合了前人探索的足跡，終於登上了頂峰，全面揭示了快樂所蘊涵的真理內容。


# 愛情的離合

　　在古希臘神話中，有一個寓意很深的愛情故事，名叫《奧菲斯和歐律狄刻》。它以神奇形式揭示了男女愛情中迫切的結合慾望和保持距離之克制的理性之間難以把握的矛盾關係。故事概況是這樣的——

　　色雷斯國王的兒子奧菲斯是一位卓越的音樂奇才，他唱歌、彈琴時，能使頑石點頭，樹木起舞，風暴息怒。他娶了一名他傾心愛戀的美女歐律狄刻，歌舞相配，影形不離，過著優美無比的愛情生活。但是美好之極就會生出悲哀來。一天，他們到森林裡遊玩。因為太陶醉在愛的甜蜜中，不想一條毒蛇驟然咬了歐律狄刻，使她喪命。奧菲斯悲痛之極，從此生活中失去了一切美好。

　　一天夜裡，奧菲斯夢見太陽神阿波羅。太陽神提醒他：為何不用音樂去地獄拯救愛妻。奧菲斯醒來之後，決心按阿波羅的夢示去做。他來到拉戈尼亞的德那爾岩洞，走進通向冥土的地道。在一條運送死亡幽靈去冥府，分割陰間和陽世的斯梯克思冥河跟前，他運用音樂，打動了船工和三頭蛇尾狗，讓他沿

著渡河，來到冥王哈得斯的妻子珀耳塞福涅面前，請求還他妻子。冥后也被音樂打動，答應為他破例，讓他帶著妻子的幽靈走出冥界。但冥后告訴他，走出一條通向陽間的長長地道時，千萬不能回頭看，否則將後悔莫及。奧菲斯在很長很長的地道裡，實在太想看看愛妻了，但是理智告訴他必須忍住。他在愛慾和理智的衝突下，感到精神折磨的深深痛苦，在快到盡頭，透出一絲陽間的光芒時，他終於忍不住了，迫不及待地回頭看了一眼。哪知他剛看到歐律狄刻，一陣雲霧便把她捲起，重新帶回冥土。

　　在古希臘，愛情是一個很突出的主題，但又是一個很神祕的問題。人們感到愛情產生的時候，男女間就會滋生一種不可抗拒的結合力量，這股力量簡直要把兩人融合為一人方始干休。但人們又發現過分融合不分後，又會走向反面，生出離異之情或發生悲劇。這種心靈世界的神奇效應，引起了古希臘許多智者的深思和研究。

　　最早的辯証哲學家赫拉克利特對這種現象發表過一些很深刻的見解。他說：「互相排斥的東西結合在一起，不同的音調造成最美的和諧；一切都是鬥爭所產生的。」、「自然也追求對立的東西，它是從對立的東西產生和諧，而不是從相同的東西產生和諧。例如，自然便是將雌和雄配合起來，而不是將雌配雌，將雄配雄。自然是由聯合對立物造成最初的和諧，而不是由聯合同類的東西……結合物既是整個的，又不是整個的；既是協調的，又不是協調的；既是和諧的，又不是和諧的；從一切產生一，從一產生一切。」

　　顯然，赫拉克利特是從對立中去解釋同一的。男女雙方產生結合的力量，因為男女雙方是自然界中對立的形式。結合是

遵循「對立統一」的自然法則的。這種觀點對以後的辯証法產生了很巨大的影響。

但是這種觀點是粗糙的，雖然在總的視角上可以解釋各種事物的一般變化，但在愛情上卻存在著許多問題。最主要的是，愛情固然在男女間發生，卻不是任何一個男子與任何一個女子都會產生愛情。真正的愛情只發生在特定相配的男女中，取決於他們之間內在的各種和諧因素。因此，僅僅對立的雙方是不夠的，它只是一個基本的前提，還不是充分的前提。

正因為赫拉克利特理論的這種粗略，故而後來的畢達哥拉斯派就提出了和諧的理論來反駁。他們最初是從數的關係中展開，在音樂的不同符號中尋找和諧。在七個音符中，並不是任意兩個音符都可以組成諧音的，而是由分類和性質差異決定的。這種和諧論帶有相當的合理性。但他們在以後用於解釋世界的各種事物時，又偏向了統一，以和諧統一反對對立。這種觀點到了柏拉圖那裡，變得更極端。

柏拉圖在《會飲》篇中，假託喜劇家阿里斯托芬的話，解釋男女之愛並非產生於對立，而是歸根於同一。內容大致是這樣的；從前有三種人，在男人、女人之外，還有一種陰陽人。男人是由太陽生出來的，女人是由大地生出來的；陰陽人則是由月亮生出來的，因為月亮同時具備太陽和大地的性格。這些人形體、頭部和身軀都是一個圓團，頭上長著兩副面孔，兩對眼睛、兩對耳朵、兩隻鼻子、兩張嘴，同時身上長了四隻手、四隻腳，走起路來可以隨意向前向後，而且能夠八隻手腳一起動，所以非常快。因為過分強大了，這些人圖謀不軌，要造宙斯的反。於是宙斯把他們截成了兩半，讓阿波羅把他們的面孔和半截脖子轉到截開的一面，把截開的皮在肚皮中間繫起，造成現在的肚臍。人被截成兩半之後，這一半常常想念另一半，

想再聚合在一起。於是，凡是男人或女人截開的就成了同性戀者（古希臘時代同性戀頗盛行）；凡是陰陽人截開的則成了異性戀者。人與人之間的這種愛戀之情常常達到捨生忘死的程度，簡直希望鍛冶之神赫菲斯托斯把他們熔為一體。

這種極端的合一論，在愛情關係上顯然是十分片面的。相愛之人難分難捨，這只是事情的一個方面，愛情的吸引正因為有距離，戀愛雙方能從對方身上找到自己的靈魂，卻又不是自己，才會產生強烈的愛之追求。一旦真的合一了，沒有區分了，沒有距離了，愛的追求也無法表現了，愛情也就消失了。所謂「距離產生美感和愛情」，就是講的這一層關係。柏拉圖在反對赫拉克利特的「對立統一」觀點時，走向了「絕對統一」的極端，產生了謬誤。

在這個問題上，還是亞里斯多德把握了愛情關係之真諦，這就是他的「中庸之道」。他認為，任何事情都不要過分，也不要不足，要恰當把握它的適度原則。在愛情上，過分的激情導致合一不分的極端，激情不足又導致離散，使愛情逐漸消失。人們在倒向兩種極端時並不困難，而要不走極端，才是比較難的生活藝術。因此，亞里斯多德稱中庸之道為美德。

愛情是人類有史以來一個恆久不衰的主題，人們在愛情離合的兩個極端間不知演出了多少悲喜劇，詩人、作家和哲學家不知在探索愛情的真諦中閃現了多少智慧。然而在這個領域中最根本的智慧，古希臘時代就已經萌芽了。


## 回歸自然，尋找歡樂

有一次，亞歷山大出征，路過雅典，聽說自己的老師亞里

斯多德在雅典的里克昂辦了一個學校，就到里克昂去看老師。半路上，他看到一群人圍著看熱鬧，就過去想看看發生了什麼事。人們見馬其頓王來了，趕快讓到一邊。亞歷山大過去一看，原來那裡放著一個大甕，甕裡住著一個人。只見此人穿著一件破爛的夾外衣，正把一個喝水用的杯子扔掉。亞歷山大以為是一個要飯的，想給他一點錢。那人不僅不要錢，反而哈哈大笑。亞歷山大很奇怪，一問才知道這個人是「犬儒學派」的首領，叫第歐根尼。他們主張人要回到原始的自然狀態，像動物那樣在大自然中生活，不需要一切人工製造的東西。為了証明人完全可以依賴自然生活，他把本來帶著的杯子也扔掉了。於是，亞歷山大覺得很有意思，就和第歐根尼交談起來。

亞歷山大說：「像你這樣一無所有，哪裡是什麼學派的首領，完全像一個奴隸。」第歐根尼回答：「當奴隸有什麼不好！有一次，在我去愛琴拿的航程中落到海盜手裡，他們把我帶到克里特當奴隸賣。人家問我有什麼特長。我回答：命令人們。於是那人叫報告員喊：誰願意買一個主人？許多買奴隸的人都氣跑了。有一個哥林特人克塞尼亞德把我買去做他兒子的教師。你看，當一個命令人的奴隸不是很好嗎？」

亞歷山大見他回答問題很機智，知道他確有學問，就問他有什麼要求，答應可以給他幫助。第歐根尼說：「我們的主張就是除了自然給我們的以外，不要求任何東西。這樣，人也就沒有什麼煩惱了。如果我對你有什麼要求的話，就只要你走開，因為你把自然賜給我的陽光擋住了。」亞歷山大聽了，感慨地說：「如果我不是當國王的話，倒真想跟著你去過這種自在的日子。」說完，轉身去里克昂看望亞里斯多德。

回到自然，這對於捲入功名場，為利益和權勢疲於奔命的

政治家來說，確實是一種極有吸引力的調節，因此亞歷山大王的感慨是出於自然的。而犬儒派回到自然的觀點卻是出於一種智慧的思考，因為他們從人性的內部看到了理性與慾望的衝突：人越是對外界事物表現出貪婪、占有和享受，就把自己越來越依附在外物身上，理性的自由就會消失。因此他們減少對外物的依附乃是為了保証精神上最大的自由。這種認識是合理性的，以後被吸收進僧侶的生活原則中，幾千年經久不衰。

「回到自然」的觀點在中國古代倒是很盛行的，最主要的是道家返樸歸真的修養哲學，提出了一整套養生方法。相比之下，中國道家的修煉注重內在心理對天人關係的協調和諧，並不過分從外在形式上剝奪對物質需要的依賴和滿足。這是由兩種不同的文化起點造成的。中國先哲一開始就注重對人與自然的整體研究和把握，看到了人和自然內在都有陰陽矛盾，合理的生活並不在擴大這一方面或取消那一方面，而在於調節、諧和雙方。古希臘哲學一開始就排斥矛盾，企圖尋找一個絕對的根本來說明世界，因此他們的回到自然採取了走極端的方式，全然排除對物質的依賴，追求絕對的精神自由。

其實過分絕對的方式也就走向了自己的反面。犬儒學派雖然揭示了人性中智慧的一面，卻在實踐形式上並沒有積極的效果。他們過分克制物質需要的同時也就暴露了精神方面另一種對虛榮的依賴。對這一點，柏拉圖看得十分清楚。

有一次，第歐根尼在柏拉圖的居所裡用骯髒的腳在美麗的地毯上走來走去說：「我踐踏柏拉圖的驕傲。」柏拉圖恰到好處地回答：「是的，不過你是用另一種驕傲來踐踏。」又有一次，第歐根尼被雨淋得通身透濕，站在那裡。周圍的人很憐恤他。柏拉圖說：「如果你們憐恤他，就走開吧！你們應該記得

他的虛榮心的根據——這種虛榮心使他向你們表現他自己，攫取你們的敬佩。你們走開，他的虛榮心就失去根據了。」

　　當然，柏拉圖的回答也是智慧的。古希臘時期，智慧常常就是這麼進入戰鬥的。智慧並不因其智慧而安然泰處，一種智慧的存在是要受到另外一種智慧的競爭和挑戰的。這是西方文化的特色，他們智慧的發展不是靠傳承先人，崇拜註釋，而是靠競爭，靠不斷的否定和揚棄。

　　柏拉圖有兩個得意的學生，一個是亞里斯多德，另一個叫德彪西波。柏拉圖晚年想把學院交給亞里斯多德繼承，便想考考學生的思想。想不到亞里斯多德對柏拉圖的觀點提出了好多批評。德彪西波卻大唱老師的讚歌，結果學院交給了德彪西波。對這件事，亞里斯多德說：「我愛老師，但我更愛真理。」這就是希臘文化鮮明的求智特色。事實証明亞里斯多德成了古希臘最偉大的思想家，而德彪西波卻毫無聲息。

　　相反，在中國，離經叛道的智慧是難以成功的，智慧和思想的發展是在註經衛道的形式下傳承。這是一種封閉沈悶、壓抑人性的傳統。

　　對這兩種文化傳統做簡單的評價是不妥當的。從個性發展的時代需要看，古希臘文化是合乎現代人口味的；但從民族整體看，希臘文化似乎有一種很大的內在瓦解力。而中國傳統文化有一種內涵力，無論經受多少淪喪，始終保持一種強大的同化力，將外來文化蓄蘊於自身，同化為一體。因此，古希臘文化獨立繁榮了幾百年而被毀斷，中國文化連續傳承了幾千年而尤興。此中奧祕不能由個人情感來注解，而需要從歷史的合理性來理清。

　　第歐根尼回歸自然的生活方式，在古希臘之所以會成為一種時尚的代表，便是人類剛剛從自由自在的原始社會中脫胎出

來，對由文明和社會制度規範下的異化形式有一種敏感的反差。異化對人性的扭曲、對自由的壓抑，使人感到一種煩惱，產生一種企求擺脫的衝動。

現代社會的人們則在長期的異化氛圍中已經麻木，尤其是優越的科技使人的生活一點都離不開人造的條件，人們已經不敢想像回到自然狀態的生活將怎麼度過。不過，當邊遠山村裡的人為大城市的繁榮所吸引時，生活在大城市感到人滿為患、嘈雜窒息的人們常常會對幽靜之山鄉、風景如畫的地方有一種留戀和嚮往。不過，這種嚮往已經不是簡單的回歸自然，而是想把現代科技的條件與大自然的幽靜結合起來。

像第歐根尼這樣截然地從形式上想徹底擺脫文明的異化，回歸自然，實際上也只是一種幻想。人類社會既已走進文明的歷程，異化也就如影隨形，如氣彌空，隨便你躲到哪裡，總是無法逃脫。柏拉圖分析他的虛榮，就說明了他實際上已經在用「回歸自然」的方式追求文明社會的名聲——一種很難察覺的異化產物了。


# 操持閑暇的藝術

一個民族的智慧不僅體現在他們的勤勞和奮鬥中，也體現在他們對閑暇的操持中。因為閑暇畢竟是繁忙的目的。而且一個民族的文化和知識的發展往往得益於對閑暇時間的支配。

中國人是一個慣會調配勤勞與悠閑的民族。道教金丹派南宗創始者白玉蟾曾將其書齋取名為「慵庵」，對悠閑生活做了如下的題解——

丹經慵讀，道不在書；
藏教慵覽，道之皮膚。
至道之要，貴乎清虛；
何謂清虛？終日如愚。
有詩慵吟，向外腸枯；
有琴慵彈，弦外韻孤，
有酒慵飲，醉外江湖；
有棋慵弈，意外干戈。
慵觀溪山，內有畫圖；
慵對風月，內有蓬壺；
慵陪世事，內有田廬；
慵問寒暑？內有神都。
松枯石爛，我常如如。
謂之慵庵，不亦可乎。

古希臘人也是一個十分注重閑暇的民族。亞里斯多德在《政治學》中這樣評論道——

閑暇自有其內在的愉悅與快樂和人生的幸福境界。這些內在的快樂只有閑暇的人才能體會。如果一生勤勞，他就永遠不能領會這樣的快樂。人當繁忙之時，老在追逐某些尚未完成的事業。但幸福實為人生的止境（終極）；惟有安閑的快樂，才是完全沒有痛苦的快樂。

但亞里斯多德認為，必須將閑暇和「遊戲」相區別。遊戲只是緊張而又辛苦的勞動之後的休息，遊戲使緊張的身心得到放鬆，從而引起輕鬆愉快的感覺。可是我們不宜以遊戲、消遣

當作我們的閑暇。

　　那麼人們如何才能獲得操持閑暇的藝術呢？亞氏認為那些使人從事勤勞的實用課目固然事屬必需，但只可視為遞生達命的手段。如讀寫可應用於許多方面：賺錢、管家、研究學術及許多政治業務；繪畫也可作為實用科目，因它有助於人們比較擅長於鑑別各種工藝製品。

　　在此亞里斯多德特別擇出音樂，指出：「音樂的價值就只在操持閑暇的理性活動……」這確實是自由人所以操持於安閑的一種本事。荷馬詩篇的一葉就見到這樣的涵義。首句是：「侑此歡宴兮會我嘉賓。」接著在敘述了濟濟良朋後，續句是：「怡我群眾兮獨愛詩人。」

　　在另一葉中，奧德修也說到，當英賢相聚，欣逢良辰，共同樂生勵志，莫如音樂——

　　華堂開綺筵，共聽詩人吟；
　　列坐靜無喧，清音自雅存。

　　在《尼各馬科倫理學》中，亞里斯多德又進一步指出——

　　　　幸福存在於閑暇之中。理智活動需要閑暇，在自身之
　　　　外別無所求。它有著本身固有的快樂，有著人所可能有的
　　　　自足、閑暇，孜孜不倦。如若人以理智為主宰，那麼理智
　　　　的生命就是最高的幸福。

　　視操持閑暇為一種不被他人他物所役使的自由活動，如傾聽高尚的音樂和幽雅的詩詞，以及從事創造性的學術研究和哲理玄想，從而在這些活動中培養高尚之情操和善德，這就是亞

氏操持閑暇的藝術。而他的一生可以說奉獻給了這門藝術，並樂此不疲。

# 以理性應對一切不幸

一個人的一生中免不了會遭遇種種不幸，對於這種不幸持有何種態度往往折射出一種文化和一個人的性格和智慧。

傳說古希臘著名的政論家梭倫有一次去訪問米利都的泰勒斯。他感到驚訝的是，這位哲人竟然對娶妻生子漠不關心。他詢問原因。當時泰勒斯未作答覆。但過了幾天，泰勒斯找來了一位陌生人，佯裝剛從雅典旅行回來。梭倫問他雅典有什麼新聞，這個人回答道：「沒有什麼新鮮事，只看到舉行了一個青年的葬禮，全城的人都去送葬。聽說這個青年的父親是個德高望重的人，因為他很久以前就出外旅行去了，所以未能親自參加兒子的葬禮。」梭倫又問道：「哦，請問這個不幸的人名字叫什麼？」那人答覆道：「名字是聽過的，但是記不得了，只記得大家都在談論他的智慧和公正。」他的每一答覆都增加了梭倫的恐懼。最後他忐忑不安地把自己的名字告訴這位陌生人，追問道，那個死了的青年是不是梭倫的兒子。那人答道：「正是。」一聽自己的兒子死了，梭倫不由得捶胸頓足，痛不欲生。這時泰勒斯抓住梭倫的手，微笑道：「啊，梭倫，像你這樣一個意志最堅強的人，也為此而痛苦不堪，所以我才不娶妻生子啊！不過你不要為這個消息傷心，因為它是假的。」

泰勒斯為了免遭喪子之痛而決意不娶妻生子，這種行為倒是更近乎東方僧人的信仰。不過一般的希臘人並不持這種消極的人生態度，他們相信生就得快快樂樂地生，並應為了快樂的

人生而忍受一切不幸。

　　古希臘著名傳記作家普魯塔克的下述評論便代表了古希臘人典型的人生態度：「如果由於害怕失掉就不去獲得必需的東西，這既不合理，也不足貴。因為按照這一原則，一個人就會為了害怕失掉的緣故，而不可能從財富、榮譽、智慧的獲得中得到滿足。即令像德行這種世界上最寶貴、最可愛的財產，也每每會被疾病和藥物所奪。泰勒斯本人雖然沒有結婚，也還是不能完全擺脫憂慮，除非他不要朋友，不要親戚，不要祖國。然而事實恰恰相反，他收了一個養子庫比斯托斯，據說是他的外甥。因為靈魂本身就有一種愛的能力；它愛，是出於自然的，正和它看、它理解、它記憶一樣……這些人既然承受著愛，也就會叫人為了他們而擔驚受怕。因此你會遇到這樣一些性情古怪的人，他們一面大發議論，不要娶妻生子，可是當他們看見僕人或情婦的孩子生病或者死了的時候，就會悲哀欲絕，失態慟哭。有的人甚至看見死了一條狗或一匹馬，也會陷入不應有和不可忍受的悲愁之中。但是另有一些人，雖然不幸死了品德卓絕的兒子，卻並不悲傷失措，而是使自己的餘生符合於理性的節制。」普魯塔克提出的良方是：「我們絕不可用貧窮來防止喪失財產，用離群索居來防止失掉朋友，用不育子嗣來防止死掉兒女，而應該以理性來應對一切不幸。」


# 哲學王與王哲學

　　哲學素有智慧學之稱。正因此，歷史上有很多人認為，如果哲學家做王或王是哲學家，這個國家一定是治理得最好的。但是歷史並沒有証明這種想法的合理性。古希臘在哲學與為王

的關係上就有兩種不同的觀點和命運。

　　古希臘著名的哲學家柏拉圖就是一個哲學家為王的極力主張者。他在一部《理想國》的書中設想了一套等級制度的治國方法，試圖讓統治者採納。但是他在雅典、埃及都不能實現自己的主張，於是打算到意大利南部一個比較落後的西西里島去推行他的主張。第一次去西西里島的敘拉古，此國君王狄奧尼修還是一個孩子，不適宜向他推行理想國的哲學方法。他回到雅典以後，又繼續研究，等待時機。十年以後，他以為時機成熟，再次上敘拉古向狄奧尼修推銷他的治國方略。但是對於他的哲學家應該為王或王者應該是出色的哲學家之說，狄奧尼修聽了很反感。這無意中等於說狄奧尼修現在還不通哲學，不適宜當王，因此對柏拉圖的主張表示冷淡。柏拉圖無法，只能再回雅典。由於狄奧尼修的長輩狄翁對柏拉圖十分欣賞，一再督促狄奧尼修採納柏拉圖的主張，因此，狄奧尼修不得不請柏拉圖再去。柏拉圖以為君王想通了，於是三上敘拉古。想不到這一去，捲入了王室矛盾，柏拉圖被強行送往斯巴達人的船上，後來被斯巴達人當作奴隸出售，幸遇熟人相救，才得以返回雅典。至此，宣告他「哲學王理論」的破產。

　　在古希臘，與柏拉圖哲學王觀點不同的是把哲學當作至高無上的人生真智，視追求哲學智慧本身比追求王權更崇高而有意義的觀點。如果說柏拉圖把哲學當作追求王位，維護王權的手段，那麼另一種觀點則把哲學本身當作智慧之王，高於一切。比如愛非斯的赫拉克利特，他是法定的王位繼承人，可是他看到王權的腐敗，對繼承王位毫無興趣，就獨自到一座廟裡住下，潛心研究哲學。他說：「智慧只在於一件事，就是認識那善於駕馭一切的思想。」這駕馭一切的思想就是哲學。由此可見，他把哲學看得比王位更重要。另一位哲學家阿那克薩哥

拉放棄城邦的官位，鑽研哲學，後來成了雅典鼎盛時期的統治者伯里克利的好朋友。但他正好與柏拉圖相反，不是要讓哲學成為好王者的手段，而是讓好王者作為哲學的輔助。他在伯里克利時代，哲學上取得了很大的成績。

最典型的乃是亞里斯多德。他作為亞歷山大大帝的老師，師生關係非常真摯親密。亞歷山大雖然從小由亞里斯多德教育，但他身上獨具的政治、軍事才能並不完全是哲學的智慧所能教育出來的。亞里斯多德明白這種關係，他只是盡自己的能力給予教育，並不想讓自己的哲學介入政治。亞歷山大也明白老師的心意，任何時候都給亞里士德的哲學研究提供最大的支持。在他遠征亞細亞，完成希臘最偉大的事業時，始終沒有忘記老師的哲學和科學研究。他命令：凡是在亞細亞發現了什麼有關新的動物和植物的材料，便必須把原物或該物的繪畫或詳細的描述寄送給亞里斯多德。普里尼記述道：「亞歷山大命令近一千個以打獵、捕魚、捕鳥為生的人，波斯帝國境內動物園、禽鳥園、魚塘的監督者，經常供給亞里斯多德以每個地方值得注意的東西。」這種支持，使得亞里斯多德能夠成為博物學的始祖，成為古希臘最淵博的哲學家和科學家。

這兩位哲學家和政治家非同一般的關係，使亞里斯多德清楚地看到，政治和軍事的活動固然是莊嚴雄偉的，但它的目的在外面，在追求外在目的的過程中忙忙碌碌，衝突困苦，因而自身不是最高雅優美的；只有哲學的活動是追求自我的，擺脫一切外在困擾和衝突，在自身中提煉、向上，因而是最完美的。

亞里斯多德的這個觀點是從人的心理角度做出的仔細分析。哲學是一種精神的自我追求，王位是一種社會的目標追求，這是兩種性質完全不同的追求。王位以其權勢、豪華、榮

耀和獨一無二吸引人們。這種追求充滿人與人之間的欺詐、爭鬥和殘殺，勝利者只有一人，失敗者則是多數，因而這種追求本身並沒有愉快可言。而哲學的精神是每個人自身中都具有的一個理性世界，哲學的沈思就好像在開發這個美好的世界並在其中自由翱翔，因而充滿美好，是人生自供的愉快。

能夠對人生和心理做如此精細的洞察，是亞里斯多德的深刻之處。

柏拉圖是亞里斯多德的老師，但亞里斯多德在知識的豐富和智慧的深刻方面都超過了老師。後人讚揚亞里斯多德說：「亞里斯多德的深思熟慮，令人非常驚訝地揭示了最細緻的思辨問題。他是一個特殊的尋寶者。無論在什麼地方湧出了通向叢林、奔向峽谷的活泉，亞里斯多德的魔棍都會毫不錯誤地指向它。」

# Chapter 6
# 意義和價值的追尋

　　當你在社會生活中對各種各樣的評價、意見、輿論、準則感到無所適從，左右為難時；當你在社會生活中追逐著無窮無盡的身外目標，像熱鍋上的螞蟻團團亂轉時；當你信奉著經典教誨中的真理去為人行事，卻發現原來人心叵測、險惡狡詐，讓你吃盡了苦頭時；當你模仿著一種成功的先例去努力奮鬥，結果發現原先成功的方式導致了失敗，而原先失敗的方式又變成了成功時──你是否想過人生的意義和價值究竟是什麼？或者說在這樣神祕莫測、變幻不定的社會人生中，人怎樣才能尋找到真正的意義和價值？

　　古希臘人就開始了對這種人生現象的追尋，每個時代的人們都在追索這個問題的答案。但你不要企求能找到一個固定的答案，因為這種答案似乎並不存在。

　　不過，思索總比不思索強。思索能夠產生智慧，而智慧可以創造答案。只有智慧能夠把握每個時代都在變化的生活意義和價值。如果有了固定的答案，人類就不再需要智慧了。

　　因此，智慧不需要固定的答案。

# 人人滿意的苦惱

古希臘的《伊索寓言》中有這樣一個故事——

一位父親和其年輕的兒子帶著一匹驢子上市場去。父親坐在驢背上，兒子牽著毛驢走在前面。路上遇著一個人，看見他倆，怒氣沖沖地說道：「可恥！一個大男人舒舒服服地坐在鞍上，卻讓個娃娃把路趕。」父親聽見人家的怒聲，不願被人苛責，從驢背上爬下來，讓兒子坐了上去。過了一會兒，路上又來了一個人，看見此情景，發火道：「可恥！孩子坐鞍子，老弱的人卻走路。」孩子聽見人家的怒聲，不好意思，也從驢背上跳了下來，兩人都步行著，心安理泰。但這時又來了一個人，他驚訝地嚷道：「真是蠢材！你們累壞了也活該，誰叫你們讓驢子逍遙又自在。」父親和兒子惶惶然不知所措。於是，商量來商量去，決定兩人都坐在鞍上。但又遇上一個人走來，衝著他們，怒火萬丈地叫道：「可恥！讓可憐的畜生馱上兩個人。呸！何等殘酷心狠！」兩人不得不下了驢背，頹唐喪氣，用繩子捆緊了驢子的兩雙腿，然後拿竿子抬起來，淌著汗，蹣跚而行。但是，又一個行人走來，哈哈大笑道：「看，他們真瘋得可以，兩個人把一匹活驢抬著。天呀！真把我笑死了！」最後，父親對兒子說道：「我考慮得的確不周到。現在應該把驢子殺了；要不然，我們一起上吊！」

這則寓言的寓意想必大家一看就明白；我們每個人的行為舉止不可能讓每個人感到滿意，要想一議人人都滿意，那就什麼事也幹不了了。

古希臘人深諳個中的道理。所以他們做事很少瞻前顧後，想幹什麼就幹什麼，從不讓什麼戒條來束縛自己的行為。他們追求卓越，但並不想成為完人，也不要求別人成為完人。即使

神靈，在他們的眼中，也有著種種缺點：宙斯的頻頻發怒、赫拉的善妒、赫耳墨斯的愛偷竊、阿波羅的好色，等等。

在現實生活中，我們也常常會犯這對父子的錯誤，陷入一種無所適從的尷尬境地。

有一部蘇聯電影《秋天的馬拉松》的男主人公就是這樣一個妙人。他有一個善良的妻子和一個年輕的情人。他並不是個道德敗壞的人，而是一個心地頗為善良的老好人。為了應付這兩個女人，他不得不瞞住妻子，不停地乘車在妻子和情人所在的兩個城市之間奔波，就像沒完沒了的馬拉松賽跑。他想擺脫這種局面，但又不忍心傷害任何一方。到最後，看來他似乎已成功地擺脫情人的糾纏。但鈴聲一響，他又不得不開始馬拉松式的奔波了。


# 永遠失望的希望

對一個故事、一件事情，人們的思想總是習慣地會追問它的最後結果。

可是人生的最後結果是什麼呢？這可是一個無法追問的過程。人都免不了一死，追問人生的結果是沒有意義的問題。

人們總以為結果有價值，追求才有意義；要是結果沒意義，追求還有什麼動力呢？然而，每個人都知道自己終究要死，卻都十分有意義地活著、追求著、希望著、奮鬥著。這種意義是什麼？價值又是什麼？顯然不在於人生的結果，而在於生活本身，在於追求本身。

你可曾注意到，這一人生的真理，當它被壓縮起來看的時候，其實是世界上最荒唐的形式！這一點，古希臘人注意了，

思考了。

古希臘神話中有這樣一個故事——

宙斯拐走了埃伊納以後，她的父親河神阿索波斯到科林斯去尋找她。薛西弗斯對埃伊納的情況知道得一清二楚，但他不肯輕易告訴阿索波斯，而要他答應為科林斯城堡提供一條一年四季流淌的河。阿索波斯接受了這一條件，使珀瑞倪泉在阿芙洛狄特神廟後湧出地面。於是，薛西弗斯便將他知道的一切和盤托出了。

由於他洩露了宙斯的祕密，受到天神的懲罰，他被拘到了地獄中。陰間的法官指給他看一塊巨石，命令他把巨石推到山頂，推到另一邊的山坡，才能解脫懲罰。然而每一次當他快把巨石推到山頂時，巨石還是又滾落山底，於是他不得不一次次地從頭推起。

薛西弗斯未能把石頭一下子推過山去，恰恰是促使他不斷去推的誘因。如果他真的一下子推過去了，也許就不會感到這種勞作有什麼意義或者有何偉大崇高之處了。總有一天能把石頭推過山去，這難道不是全部的魅力和希望之所在嗎？

「永遠的未完成性」恰恰是人類存在的意義，是「薛西弗斯神話」給予我們的啟示。我們每日每時不是都在推「石頭」嗎？這塊「石頭」就是那沒完沒了的生活之煩累：從我們呱呱落地那一刻起，就陷入為生存、為成長、為工作、為事業、為戀愛、為結婚、為子女、為健康……等等無休無止的煩累之中。然而我們不是樂此不疲嗎？我們不是像薛西弗斯那樣，在看似荒謬、無意義的勞作中找到了意義和樂趣嗎？

同樣，我們每日每時的探索，不也像薛西弗斯在推的那塊永遠推不過去的石頭嗎？每次當我們把「石頭」推到山頂，都以為自己發現了終極之真理，接近了終極之真理；但當我們第

二天醒來，「石頭」又滾了下來，真理又遠離我們而去。

所以人生的意義不在於沒有最後結果的終了，因為人免不了一死，而整個人類也免不了最終毀滅的一天。但正是在無止境尋求真理的過程中，在這種求知的激情中，在這種盡情地享受每一片刻的達觀中，我們找到了人生的意義。

薛西弗斯的勞作是悲劇性的，因為「石頭」永遠推不過山。但他所持的態度是認真的，又近乎幽默，一種透著「傻氣」的幽默。我們的生活何嘗不是如此？

# 潘朵拉的魔盒

古希臘神話中有這麼一個故事：宙斯命令火神赫菲斯托斯創造了人間的第一個女人，打算把她送給普羅米修斯兄弟二人，以懲罰他們偷盜天火的行為，並降禍給人類，因為他們接受了天火。在創造這第一個女人時，每個神祇都賦予了她一種品質。眾神之使赫爾墨斯饋贈她俐嘴靈舌，愛神阿芙洛狄特賦予她千嬌百態，阿波羅送給她音樂的天賦……於是在最使人迷戀的外形下面，宙斯暗中布置了一種眩惑人的災禍。她給這位女子取名潘朵拉，意為「有著一切天賦的女人」。最後他讓這位女子降落人間。

普羅米修斯（意為先覺者）知道這是宙斯的詭計，告誡其弟弟艾比米修斯（意為後覺者）不要上當。但他的弟弟還是欣然接受了宙斯的贈禮：迷人的潘朵拉。

這個女人手捧著一個巨大、密封著的盒子來了。出於好奇，潘朵拉非常想知道裡面裝著什麼東西，於是她冒冒失失地打開了盒蓋，頓時一大群使人類遭受不幸的災禍從裡面爭先恐

後地飛了出來，迅速散布到大地的每個角落；如折磨人肉體的痛風、風濕、腹痛等各種疾病和毒害人類心靈的忌妒、怨恨和復仇等。

潘朵拉見勢不好，趕快捂上蓋子。但為時已晚，盒子裡關著的禍害都已飛出來，只剩下壓在盒底的一件，那就是希望。

這是一個耐人尋味的故事，我們至少可以從三個層面來解析這個故事。

第一層——人類從其誕生的那一刻起，就有各種各樣的禍害與其相伴。在這裡，潘朵拉只是一個象徵，象徵著人類的開端，也就是說人類自飲食男女的那一刻起就有危害其身心兩方面的禍害降臨到他們的頭上。

天神給人類送來了第一個女人，人類也就得承受與之俱來的一切災禍。禍福相隨是人類不可規避的命運。

第二層——人是經不起誘惑的。他們太容易為表面上美妙迷人的東西所誘惑，卻預見不到背後所隱藏著的種種危險。當潘朵拉在眾神的精心「包裝」下，以千嬌百態、巧嘴靈舌的面貌娉婷地出現在後知後覺的艾比米修斯（實際上指人類）面前，他頓然失去了辨識能力。這正好應了老子的那兩句諍言：「五色使人目盲」，「五音使人耳聾」。

今天的人類又何嘗不是如此？人們太容易為五光十色的物質文明所誘惑，卻沒有意識到由此帶來的價值觀的墮落。

第三層——人類具有一種最寶貴的天賦，那就是希望。儘管人類一誕生，就時時遭遇著災難和厄運，但人類的最大天賦——希望，卻使他們能夠迎對一切災禍，走向那漫漫的未來。這種希望就像壓在潘朵拉帶來的盒子底下那樣藏在我們的心底。每當我們遭到不幸，只要我們一想到「太陽照常升起」，那麼，一切的憂愁煩惱也就並非那麼嚴重了。

再往深處分析，我們可以看到人心也像一個「潘朵拉的盒子」，裡面關著各種各樣的慾望。一旦這種慾望被毫無顧忌地釋放出來，又缺乏滿足這種種慾望的手段和條件，那麼各種各樣的怪現象就會隨之出現。也許「盒子」還是打開的好，也許這種「惡」恰恰是社會進步所需付出的代價。

# 悲壯的社會，三色的旋律

發掘真理，尋找歡樂，開闢理想的境界，這是智慧的白天。白天的智慧——光彩飛揚，令人眩目。

面對人生，忍受苦難，理解失敗的價值，這是智慧的黑夜。黑夜的智慧——悲壯深沈，催人淚下。

大自然不能沒有白天或黑夜，人的精神也不能沒有白天、黑夜這兩種智慧。

古希臘給後人留下了大量白天的智慧；同樣也留下了大量黑夜的智慧。比起白天的智慧來，黑夜的智慧更具有深刻和永恆的價值。古希臘的悲劇在西方文化中產生了深遠而重大的影響，就是這種智慧的效應，遠遠超過了戲劇本身被欣賞的娛樂價值。

古希臘悲劇是古希臘時代和古希臘精神之間特殊的矛盾產物。古希臘的精神產生了那麼強烈的對理想、完美和真理的追求激情；而古希臘時代又充滿了那麼多野性、貪婪、戰爭與殘殺。理想的精神與痛苦的現實反差太強烈，矛盾太尖銳。面對這種矛盾，是人類社會幾千年來最沈重、最困苦的難題。

古希臘悲劇是劇作家對這一人生難題的反映。古希臘三位傑出的悲劇家：艾斯奇勒斯、索福克勒斯、歐里庇得斯，他們

對這一難題的反映，各具不同的特色。埃斯庫羅斯在激情投入中抗爭；索福克勒斯在冷靜觀察中認命；歐里庇得斯在懷疑現實中批判。對於歷史還沒提供解決條件的人生難題，這三色是人類智慧的基本色調。

馬克思曾說：「人類始終只提出自己能夠解決的任務，因為只要仔細考察就可以發現，任務本身，只有在解決它的物質條件已存在或至少是在形成的過程中時，才會產生。」倘若在條件遠不成熟時，追求完美的人心就會陷落一種無止境的痛苦境地，感受到一種悲慘的結果。但是人類又不能沒有這種理想的追求來支持苦難的人生，這就給整個人生的道路埋下悲劇的命運。如果沒有劇作家將這種人生的趨勢提升到悲劇的藝術境地來激勵人心，啟發良心和鞭笞罪惡，那麼人類在面對苦難時就會沈浸在消極、淒慘、悲哀的困境中。因而，悲劇是從苦難中提煉出來診治人心苦難的良藥。這種深刻的價值決定了製作悲劇的智慧不只是單純的語言構思技巧，還需要融化劇作家本人的人生感受和特有氣質。古希臘三位著名悲劇家的不同氣質便代表了人類智慧在這種情景下可能採取的三種基本色調。

艾斯奇勒斯的抗爭色調與他本身的英雄氣質相聯繫。他是馬松拉戰役中的勇士；他們當時擊退了大舉進攻的大批波斯人。這種英雄氣概在他身上閃耀著主要的光彩。他一生創作了九十部悲劇（莎士比亞只寫了七部悲劇），但在他的墓誌銘上卻記載著他的英勇——

雅典人艾斯奇勒斯，歐福里翁之予，躺在這狸，周圍蕩漾著傑拉的麥浪。馬拉松聖地稱道他作戰英勇喜比，長頭髮的波斯人聽了，心裡最明白。

他的崇高的心靈與思想，他的英雄形象，通過他的每部作品，給後人留下了足以震驚的印象。艾斯奇勒斯生活的時代是希望和奮鬥的時期之一，他通過英勇行為的體驗，看到了世界在勝利中的美好，知道人能創造奇蹟，同時也感到人類與禍患有不解之緣，體會到痛苦與煎熬的神祕性。在他看來，生活本來就是一種冒險，不斷地爭鬥，抗擊強暴，不惜犧牲去爭取勝利。他在一部今天已失傳的悲劇中有這麼一句名言：「請記住，當痛苦到達了頂點，也就到達了盡頭，不能長久了。」他的悲劇《普羅米修斯》描述了為人類竊取火種因而受到宙斯殘酷懲罰仍堅強不屈的普羅米修斯的英雄形象，很典型地反映了他的智慧特色。

索福克勒斯在艾斯奇勒斯以後約二十年，艾斯奇勒斯時期創造的馬拉松、溫泉關和薩拉米之光輝功績的人生觀已經消失，雅典由光明走向腐敗，戰爭和黨派爭吵撕裂著整個城邦。在這個年代，精神脆弱的人對整個世界灰心失望了，人們看不到公正，找不到真理。在這種狀況下，英雄主義是不可能獨自生存的，任何依靠外界環境來確立的信念和理想必然不能很好地發育，只有靠內心的堅定意志和對真理的永恆信念支持自己。索福克勒斯就是具備這樣一種個性與氣質的人，他看到世界和人生有一種超越個人意志和能力之上的神祕力量在支配，對於這種力量，人們所能進行的抗爭是暫時的、有限的，最終只能屈服於神祕的命運安排之下。

這種觀點在他的詩中反映得很清楚——

> 世人何曾見過沒有苦痛的日子，
> 克勞諾斯的兒子（即宙斯）從不曾把它交給人間。
> 不過，歡樂與悲傷，

像時間的車輪，滾向每一個人；
像循環中的天上星辰，沿著軌道運行。
世間事來去匆匆。
死亡、厄運，財富、歡樂與悲痛，
以及星星閃爍的夜晚——
一切的一切從來不等待人。

　　人沒有能力支配命運。但索福克勒斯又不是一個悲觀主義和宿命論者，他只是不像艾斯奇勒斯那樣，靠英雄主義的熱情抗爭去追求理想，而是以遵從自然法則的冷靜態度去追求幸福。同樣，他也以冷靜而合理的態度面對死亡——

好了，不要哭了！沒有時間哭泣哀悼，
不要再說這個原因，那個理由了。
薩姆森結束了自己的性命，
無愧於薩姆森的名字，
他英雄悲壯，告別了人間……
沒有必要流淚，沒有又要痛哭，沒有必要捶胸頓足。
不要太脆弱，不要藐視、輕蔑，不要非難、責怪。
公平、合理第一，視死如歸，鎮定沈著。

　　人們評價索福克勒斯是：「生，無可指責；死，亦無可指責。」在無一名人不被諷刺嘲弄的阿里斯托芬的喜劇中，也無法嘲弄索福克勒斯。可見他內心品格的那種沈穩力量，是抵禦外界一切變化和動盪的基礎。這是一種比激情更深沈的智慧之力量。
　　歐里庇得斯跳越了索福克勒斯，重又回到艾斯奇勒斯的戰

鬥精神。在面對人類漫無邊際的苦難之海洋時，強烈的同情心使他無法袖手旁觀和無動於衷，他對世上最令人心痛的不公正現象，無法抑制感情而不起來反抗。但是歐里庇得斯的反抗又比艾斯奇勒斯的反抗在智慧上更深一層。因為透過索福克勒斯，使他看到對不公正的現象固然要反抗，但消除不合理的現實比個人英雄主義的反抗更具深遠的意義。因而在他的悲劇思想中，對現實的不合理、不公正和罪惡進行了懷疑和批判。這種批判精神的智慧性就在於他不只是直接用語言來抨擊現實的不合理，且通過劇情對受苦難者表示同情，對生命價值表示肯定，對人類美好的希望表示嚮往。

這種用指向永恆崇高的本質來批判現實卑劣的智慧，將古希臘的精神與人類未來的精神貫通起來。因此，歐里庇得斯的作品在今天，仍超過了許多現代名流的作品而贏得廣大的讀者。人們感到他的思想不只是屬於古希臘，同樣屬於現代人。

顯然，這種深刻的處理包含著一種生活的矛盾，那就是他那超越現實，指向未來的精神與不公正、不合理、充滿罪惡的現實是不協調的。既然理想精神還不能改變現實，那麼要他在現實中保持這種理想，就只能通過人格分裂的方式來融合。這就是一方面他用自己的良心和智慧介入現實生活，去觀察、去體驗、去思索、去理解，為他們創作；另一方面，他又感到無法與現實同流、適應，他顯得悶悶不樂，他的真實生活退出了世界，躲進小小的書房，過著隱居的生活。

但正像一切深刻的，超越時代進程的思想家的命運一樣，他在世的時候受盡了冷落，到處不受歡迎；死後不久，便開始名聲大振。

# 存疑與恬靜

一般人對一個問題總想找到一個確定的答案，這樣心裡才會感到踏實、感到安寧。不少哲學家也是如此，他們總想對某個問題下個確定的斷語。

但是古希臘的懷疑主義卻反其道而行之，認為任何命題都有一個相等的反命題與之對立，因而人們不可能對一個具體命題找到一個確定的答案。在懷疑主義的鼻祖皮浪（約前360-前270）的眼裡，一切都是：「同等地無區別的、旗鼓相當的、游移不決的。」因此他將「沒有意見，沒有傾向，沒有精神上的徒然騷動。」「既不是這個，也不是那個。」

「是」和「否」完全一樣；或毋寧說既無所謂「是」，也無所謂「否」，作為立學、立身之根本。

皮浪的學生，被人稱為「諷刺詩作家」的蒂蒙在《諷刺詩》中曾將哲學家之間的爭論喻為一種「荷馬式的交戰」，認為他們都害著同一種病，即「言語上的腹瀉」，弄不好還會退化成為「言語上的爭戰」。最後，「獨斷論派」的軍隊潰敗了。阿克西勞自以為獲得了勝利的榮譽；但真正的勝利者卻是皮浪，這位「不可戰勝者」。因為他的精神並不為那些驕傲的「煙霧」所擾，所以他為他的同道減輕了主觀的「情障」和「虛幻習俗」的重負。在蒂蒙的詩中，色諾芬尼對皮浪曾這樣說道：「老人家！你怎麼並且靠什麼而得以避免那些意見的束縛和學者空心的思想呢……？你幾乎絲毫不關心什麼風刮過希臘的土地，也不管什麼是一切事物的原始和終極目標。」

這種思辨上的漠然無所區別也成了皮浪實際的生活原則。他對一切都無動於衷。當他說著話時，人家竟然走開了，他也並不介意。他對人十分寬厚，因為他覺得一件事情就其本身而

言，並沒有高低貴賤、正義非正義之斷然區別，而是有時這樣，有時那樣。他甚至也不玩味肉體之快樂，因為「哲人」的理想在他看來，就是要完全卸卻這個「人」；這是一種靈魂的完全「平衡」，什麼也不能擾亂「它」。

有一次，他和同伴一起乘船出海，遇到了風暴。同船的人都驚慌失措，而他若無其事，指著船上一頭正在吃食的小豬，對他們說：這就是哲人所應當具有的不動心狀態。

不過這種不動心有時看起來近乎冷酷。有一次，阿那克薩爾刻不慎跌入泥潭，皮浪徑自走過去，沒去拉他一把。別人都譴責他，而阿那克薩爾刻卻十分讚賞他的冷漠和無動於衷。

因此，在皮浪看來，只有一個真理，即在感覺和意見的範圍內，一切都是無差別的，什麼都沒有絕對的價值，只除了心靈的恬靜。

然而，懷疑主義是利弊互生的：一方面它對於獨斷論和迷信不啻是一帖清醒劑，而且由於它（指其後來的演變）對每一個問題的所有方面都做嚴格、精細的分析，對任何成見或學說都抱持懷疑的態度，只尊重純粹的事實，使它成為實証精神的先驅。但另一方面，它也會產生一種消極、玩世不恭的人生態度。當然這得取決於我們的智慧了。


# 感動上帝的真情

古希臘神話中有這麼一個故事：一名叫皮克馬利翁的雕刻師，用象牙精心雕刻了一位美麗的姑娘。為了使她超凡脫俗、神韻兼備，他幾乎傾注了自己全部的心血。上帝感動了，賦予了美女以鮮活的生命，成為他夢寐以求的情侶。

神話蘊含了古希臘人對美好生活的憧憬。雖然人生受著不可名狀的命運之支配，但人並不都是消極的；人使用自己的真情去憧憬、去期待，就能夠感動上帝，就能夠獲得一半主宰自己命運的權利。這種神祕的心理對現實生活所產生的效應，社會心理學家後來演繹為「皮克馬利翁效應」，在現實生活中有普遍的意義和價值。

「皮克馬利翁效應」首先告訴人們，要奪取美好的生活，就要有美好的憧憬。皮氏憧憬有一位美麗的姑娘作為情侶，這種憧憬是一股驅策他精心雕刻這樣一位姑娘的強大動力。如果把「美麗的姑娘」衍化為各種理想的事物，那麼，惟勇於憧憬者，才會派生和進一步擁有這種理想的事物，才有希望把它變成現實。

「皮克馬利翁效應」接著告訴人們，要實現憧憬，光靠嚮往不行，還要付諸行動，把憧憬化為可以指望的「期待」。皮克馬利翁通過雕刻象牙姑娘，就是為了實現這種「期待」。期待，或許可以看作是有指向的希望。為了實現自己的期待，他不是等待七仙女飛降、菩提樹顯聖，而是滿懷鍾情，一鑿一鑽，把自身的全部心血傾注於期待的對象物。這是化憧憬為現實的關鍵環節。缺少了它，憧憬即蛻化為無根由的妄想，其結果只能是失望。

「皮克馬利翁效應」還告訴人們，即使一個人有了化憧憬為可以指望的「期待行為」，也仍然難以確定是否會變成現實，這裡還需要通過上帝感動的環節。如果把「上帝感動」理解為公眾或社會的認同和接納，那麼這個上帝賦予美女雕像生命力的過程便成為將創造成果應用於優化人類實際生活的過程。總之，只有執著地期待，盡心地澆灌，人們才有希望接近實現自身的完美期待。

# Chapter 7
# 綠色的機趣

　　如果說綠色樹木是大自然生命的象徵，那麼機趣的智慧可說是文化生命的象徵。

　　哲學是一種智慧，可它不斷被奴役或被否定的命運。

　　科學是一種智慧，但它也時時面臨著証偽和人文的衝擊。

　　文學是一種智慧，但它不斷地被推進歷史的記憶中沈睡。

　　藝術是一種智慧，但它的生命卻伴隨時代的變遷而窒息。

　　只有機趣的智慧具有永恆的活力。不管哪一門學科技術，它的形式會老化、會窒息、會沈澱、會被人遺忘，但只要其中有機趣的成分，就會變成被人不斷提取的寶藏。

　　古希臘人為後人創建了各種各樣的文明，可是它們對今天的文明來說基本上都已過時，成為陳跡；只有古希臘人的機趣，是一種永存於後世文明中的生命力。例如，追求知識的方法、諷刺的力量、比喻的啟發、幽默的暗示、和諧的體驗和內心感應的技巧，是現代人仍然越來越需要的文化。

# 「無知之知」

　　大多數稍有才氣的人常會自恃聰慧。正如中國俗語所說的「半桶水晃得很。」真正具大智大慧者往往虛懷若谷，不諱言自己的無知。希臘哲人蘇格拉底就是這樣一個大智者。

　　有一次，蘇格拉底的朋友海洛豐去德爾斐求得一個神諭，這個神諭說蘇格拉底是最有智慧的人。蘇格拉底從海洛豐那兒得知這個神諭後，暗自忖度：「神的意思是什麼？他提出了怎樣的一個謎？我知道自己是沒有智慧的，不論大小都沒有。而他卻說我是最有智慧的。這究竟是什麼意思呢？他肯定不是撒謊；作為神，他在本性上不可能這樣。」在很長一段時間裡，蘇格拉底一直沒有悟透這一神諭，於是他不厭其煩地去探求神諭的真義。

　　首先他拜訪了一個一向以智慧著稱的政治人物。他想，如果這個人比自己有智慧，那就說明這個神諭是不靈驗的。蘇格拉底同他對席交談了一會，結果發現，這個人雖然對許多人來說顯得很有智慧，而且自以為是，其實不然。

　　於是，蘇格拉底就直言不諱地對他說：「你自以為有智慧，但其實並沒有智慧。」這樣一來，惹得對方和旁邊的一些人大為不滿。不過一心尋求神諭之含義的蘇格拉底對此倒也毫不介意。當蘇格拉底離開這個政治人物後，他一邊走一邊自語道：「我比這個人有智慧，雖然我們兩人都並未真正知道善和美，但他不知道，卻自以為知道，而我既不知道，也不自以為知道。看起來，正是在不知不佯以為知這一點上，我比這個人更有智慧些。」

　　於是，蘇格拉底又去考察了更以智慧著稱的人，如詩人和手藝匠，結果發現同樣的情況。最後蘇格拉底得出下述的結

論：「當我根據神的命令去考察時，我發現最有名聲的人幾乎是最缺乏智慧的，而另外一些名氣不大的人其實更有頭腦。」由於詩人憑藉他們的詩，手藝匠憑藉他們的手藝，自以為在其他所不甚了了的事情上也是最有智慧的，這一錯誤的想法遮蔽了他們原有的智慧。

最後，蘇格拉底是這樣破譯神論之謎的；他認為這是神稱許他的存疑主義，即其哲學的出發點：「只有一件事我是知道的，我只知道一件事，就是我一無所知。」然而人們切莫以為蘇格拉底真的一無所知；這種「無知」恰恰是其大智所在。常人往往抱持著過時的知識、信念、教條不放，以為擁有了這些東西也就擁有了智慧，殊不知這些知識、信念和教條往往會遮蔽住我們的眼光，使我們看不到真正的智慧。

「無知之知（智）」要求我們虛懷若谷，放棄一切成見，不要自恃聰明，這樣人生的大智慧才會「乘虛而入」。在這裡，蘇格拉底的思想同中國的老莊哲學和禪宗倒是不乏相通之處，不過蘇格拉底憑藉的是理性的懷疑精神，而老莊哲學和禪宗則是借助於悟性。這在某種程度上也反映了東西方文化的不同氣質，但在尋求大智大慧這一點上則是殊途同歸的。

# 嘲笑與真理

古希臘的智慧對整個西方文化的巨大影響，除了它的精深之外，更有它的雄渾和廣博。它像一部宏偉的交響曲，不是簡單的和弦，而是複雜、多重、充滿矛盾、不斷對抗，卻又渾然一體、莊嚴融匯。其中，偉大伴隨著戲謔；冷靜附和著思辨；悲壯襯托著莊嚴；痛苦期待著幸福。而在所有這些矛盾交融的

智慧中，真理與嘲笑的瀝合又是顯示希臘人個性特點的一個象徵。這就是古希臘喜劇藝術中那種嘲笑莊嚴、戲謔真理、貶抑神聖的手法。

以雅典為代表的古希臘人，他們體魄健壯，吃苦耐勞，熱情豪爽，喜歡痛痛快快說話，喜歡娛樂和戲劇，尤其喜歡戲劇中生動、滑稽、刺激而有智慧的嘲笑。雅典的民主空氣，使他們可以在戲劇中任意嘲笑某人某事。既可以諷嘲嗜酒、貪婪、受賄等等卑劣的行為，也可以諷嘲神聖的真理和著名的權威。

這種藝術看起來似乎是用來取樂之用，但這種取樂常常是劇作家將他們自己觀察、思考生活的深刻真理融化其中，傳導給人們的絕妙形式。

嘲笑神聖，需要有比神聖更高深的真理；諷刺真理，需要有更接近人本的神聖。古希臘這種重重疊疊，山中有山，林中有林，山中有林，林中有山的智慧圖景是引人入勝的。這種圖景只有從總的文化關係的領悟中才能想像得出，而任何一個具體的例子是很難體現的。

不過我們從阿里斯托芬的喜劇中可以抽出一些台詞，體味一下這種文化的特殊智慧。

在《阿卡奈人》一劇中，作者用一種幾乎是「胡扯」的手法，嘲笑了嚴肅的政治態度。而其中卻蘊藏了根本性的真理。

背景是雅典和斯巴達的戰爭時期，雅典的燃料奇缺。

劇情是在雅典的一條街道上，一個名叫狄開俄波利斯的人為雅典的敵人斯巴達人說了兩句好話，引起周圍群眾的憤怒。

有一段對話是這樣的——

　　狄開俄波利斯：就我所知，我們遭殃，不能全怪這些動了我們公憤的斯巴達人。

歌隊長：不能怪他們？你這個壞東西！你敢公然當著我們這樣說？你這個祖國的叛徒，你還有臉來見我……還聽你說？就叫你死！我們就用亂石收拾你。

狄開俄波利斯：且慢！你們總該先聽我說幾句話；好朋友，你們先忍耐忍耐吧！

歌隊長：忍無可忍了！你也不必向我說半句話……

狄開俄波利斯：好！我也就呼你們痛快不成，我要反過來殺死你們最親愛的朋友，既然我得到了你們的人質，我就要把他們殺掉！

歌隊長：鄉鄰們，告訴我？他是拿什麼來威脅我們呀？是不是他把我們哪一位在場者的孩子關在那裡面了？要不然，他怎敢這麼大膽？

（狄開俄波利斯自中屋內提著一把短劍和一筐木炭上。）

狄開俄波利斯：你們想扔就扔吧！我也會找這個出氣。我倒要看你們之中可有人會捨不得木炭！

歌隊長：哎呀，不得了！住手，住手，千萬住手！你想說什麼，你就說吧！


凡是經歷過戰爭或動亂的人，都能體會到那種由政治偏見所煽動起來的敵對情緒是多麼可怕的力量。它顯得那麼神聖、莊嚴、正義和不可調和，這種氣氛甚至讓人感覺到信念的意志力足以令一切物質、甚至生命為之奉獻。

但是喜劇家阿里斯托芬卻揭示了這種莊嚴神聖所包含的虛偽性，而且選用了最低下的，從而對人也是最基本的物質需要來摧毀這種政治嚴肅性的地基。這種用最低級的木炭去摧毀最神聖之政治信念的反差產生了一種強烈的戲謔效果；而這種摧

毀的合理性卻又奠基在一個深刻的人類生存的基石上。

在《地母節婦女》一劇中，阿里斯托芬則借用婦女歌唱隊向觀眾發表這樣的宣言——

> 每個人都講過許多誹謗女人的話，說我們是男人的禍水；一切災害——吵嘴、打架、引起動亂的內訌、傷心事、戰爭，都由我們引起。喂，如果我們是禍水，你們為什麼娶我們；如果我們真是禍水，你們為什麼禁止我們出門，禁止我們向外眺望，怕被人發現？你們為什麼這樣熱心把禍水看管起來？如果小娘子外出，你們發現她們在大門外面，你們就氣得發狂？其實如果你們真的發覺禍水已經跑出去，在家裡再也找不到了，你們應當向神祭奠，應當喜歡。如果我們過節玩累了，在朋友家裡睡覺，你們每個人就到各處的床上去尋此禍水；如果我們在窗口眺望，你們就都想看這禍水一眼；如果我們害羞退回去，你們每人就更想看見這禍水再到窗口眺望。由此可見，我們比你們好得多。

這是一段極機智而令人發笑的宣言：男人因為對女人產生了不可遏止的慾望而引發出來的禍亂，根源是在人性的內部而不在女人的存在。把禍源歸於女人，是對自我本性醜陋一面的掩飾。對於這種人性虛偽的面紗，喜劇大師並不採用直接挑去的手法，卻是通過在這面紗上畫出荒唐圖案的手法，叫它自己掛不住，把本性展露出來。這是比別人去揭露更為有趣、更為聰明的藝術手法。

在生活中，提出真理固然困難，但更難的是讓人接受真理，因為讓人接受真理的方法本身往往比真理更富含真理。

細細體會古希臘喜劇中寓真理於嬉笑歡樂之中的傳播手法，真是意味無窮。

## 心靈的生殖

心靈是一個世界，一個與人最切近、最平常，卻又令人感到最遙遠、最神祕的世界。

當智慧的靈光在古希臘出現以後，人們便捲入了究竟是客觀的物質世界產生和決定了心靈的主觀世界，還是心靈的主觀世界產生和決定了客觀的物質世界之爭論。從自然的發展觀看，心靈世界自然是物質世界的產物。但是在人類發展史上，心靈世界決定物質世界的觀點卻經久不絕，並且不斷以新的形式發展自己。這就說明這種看上去反自然的觀點，背後必定隱藏著某種合理性。

事實上，大自然一經誕生了人類，出現了人類的心靈世界，這個神祕世界就不斷發展自己，憑藉智慧和科學的力量使自己獨立出來，並反過來支配物質世界。心靈世界對物質世界的支配和決定，是從人類生存的價值觀出發的。不受心靈支配的物質世界，對人來說，是尚未體現價值的客觀存在。正是有這一層合理性，因而長久以來對心靈世界進行開發的智慧就從來沒有停止過。

在古希臘，最有名的唯心主義哲學家柏拉圖，就對心靈做了大量的探索，在其各種顯然謬誤的表述中也隱藏著不少智慧的洞見。其中一個有趣的觀點就是「心靈生殖說」。

所謂「心靈的生殖」，是從肉體的生殖繁衍現象中類比出來。他認為人天生有兩種生殖的慾望：一種是肉體生殖慾望，

一種是心靈生殖慾望。心靈生殖慾望通過對美的追求，以愛的結合形式來實現。

這種生殖慾望是怎麼形成的呢？他認為：人從幼小的時候起，就孕育著思想智慧及其他心靈的美質。到了成年時期，自然就產生了生殖的慾望。這時候，他便四處尋訪，以便找到一個美的對象來寄託生殖的種子。為什麼要尋找美的對象呢？因為生殖不能播種於醜，只能播種於美；醜的事物和生殖這種神聖的事業不相調和，只有美的對象才與之相調和。因此，凡是有生殖力的人，一旦遇到美的對象（當然，這種對象的美感是因人而異的，包括生活的各個方面和各種學科），便歡欣鼓舞，精神煥發，生殖的慾望勃興；而遇到醜的事物，則索然寡興，蜷身退縮，不肯生殖，寧肯懷著沈重的種子。荷馬、赫西俄德等便是這樣經過一段對美的對象的追逐，並與之結合後，孕育和生產了造福於人類的子女——詩歌。

柏拉圖的這種生殖類比方法，從今天看去確實有點幼稚，但仔細推敲其中的道理，卻是富有智慧和足夠玩味的。我們知道，每一種學科的創造，都是靠智慧人物的靈感激發的。靈感是什麼？至今仍然是一個謎。靈感既不純粹是外界現存事物的反映，又不純粹是主體思想的邏輯或規則。靈感往往是這兩者的特殊碰撞，彷彿愛情雙方的一見鍾情，難言其妙。因此，將靈感比作心靈對外界美好事物（有吸引力的事物）的追求所產生的生殖性結合物，實在是恰到好處，十分有味的。

事實上，人之不同於一般動物的主要之點，在於人類一代一代繁衍肉體的同時，也在積累和繁殖文化。如果肉體的繁殖屬於物質生產的形式，那麼文化的繁殖便是精神的生產。後一種生產對人類進化的影響比肉體繁殖的影響大得多。今天，當人類越來越重視精神生產力時，我們看到在古希臘的智慧中，

早就以心靈的生殖力形式生動而形象地表達了。

柏拉圖的心靈生殖力不僅具有古希臘智慧的合理性，而且還極具西方智慧的特異性。

我們知道，關於心靈的功效，在東方文化中也是歷來備受重視的。在佛教中，「萬物皆由心生」是一句基本的偈語。但這種心靈產生萬物的形式，與柏拉圖的心靈生殖力不同。柏拉圖的心靈生殖是面向個人以外的精神世界，即不斷吸收外界美好的事物，然後通過內在的結合產生一種面向外在世界之更新的精神成果。這種精神成果一旦生出，便成為人類的智慧力量或改造世界的激情；因而表現出西方精神的開拓性。

東方推崇的心靈生萬物，主要是一種修養入靜後的意念再現現象或對世界意義的領悟形式。比如在禪宗功法中有這樣一種意念靜觀修煉法：用意念想像在自己身上鑽一個小孔，然後想像自己整個身體鑽進自己皮膚的小孔裡，進而從孔裡見到自己慢慢走向神往而優美的自然風景地。又如在密宗功法中，有相反的修煉法：觀想自己的丹田升起的白色小球，變換各種顏色；最後成為紅色時，化作一張地毯，帶著自己的身體從自己的眉心飄向外面，飄到自己神往的山水境地。

此外，在道家修煉中，也有很多內視現象，即修煉到一定程度，可從自己體內靜觀或體驗到大自然中的各種情景。

「道心朗照千江月；真性虛涵萬里天。」不言而喻，這種心靈生萬物完全是一種保守、內向的見解，它在調諧身體與環境的融洽上自有不可低估的功效；但從外在的世界看，是無創造性的虛幻的心靈生殖力。它正好體現了東方文化的特點，與柏拉圖的心靈生殖力迥然相異。

# 赤裸的智慧

把你的語言在真理的鐵砧上錘鍊，不管它迸發出什麼？即使只有一星火花，也必須有它的重量。

這是古希臘詩人品達所寫的讚歌。他道出古希臘語言質樸、簡練、熱情、嚴謹的風格。雅典著名的政治、軍事家伯里克利說：「我們是美的愛好者，但是愛得很節儉。詞語和其他東西一樣，要節儉地使用。」

古希臘時代崇尚語言的簡練、準確、嚴謹、有力是後來其他文化中少見的。同樣一層意思，後世作品的表述往往堆積很多詞眼，表述得非常華麗，彷彿穿著打扮得琳琅滿目；而古希臘作品的表述就簡潔得只是意思本身，毫無多餘的修飾，恰如赤身裸體一般。比如——

《新約全書》在「登山訓眾」的記述中，對於尋找上帝的意思是如此表述的：「你們祈求，就給你們。尋找，就尋見。叩門，就給你們開門。因為凡祈求的，就得著；尋找的，就尋見；叩門的，就給他們開門。」

而艾斯奇勒斯在希臘語中這樣表述同一意思：「人們尋求上帝，在尋求中找到了它。」

又如，同樣描寫命運的危機，莎士比亞劇本中的麥克白是這麼說的：「我們所有的昨天不過替傻子們照亮了到死亡的土壤中去的路。熄滅了吧，熄滅了吧，短促的燭光！人生不過是一個行走的影子，一個舞台上指手劃腳的拙劣伶人。」

而在古希臘劇本中的呂泰涅斯特拉只用一句話表達了：「我站在不幸的頂端。」

古希臘這種不加修飾的智慧語言，就像他們的裸體藝術反映人本身最自然的美一樣，反映出他們最真實的智慧美。

現代人在經歷了服裝修飾的外在美以後，重新認識了古希臘裸體美那種自然、本質的崇高價值。事實上，智慧的美也和人體的美一樣，智慧本身就是一種高級的美，智慧的語言加上修飾的詞彙，如同優美的人體穿上了華麗的服飾，當然會產生一種高雅和文明的氣度，但也容易將自己固有的美遮掩起來；這種遮掩還會帶來一種副作用，那就是有些缺乏智慧的語言常常因為運用了華麗的詞藻而將自己掩蓋起來。它可以起到讓人欣賞其外表美的效果，但卻起不到震撼人心靈的作用。

　　古希臘不做修飾的語言，使智慧赤身裸體，讓人一眼就能看清。這樣，沒有智慧的語言就能立見其醜，而使有智慧的語言更顯本質之美。這種智慧赤裸的語言，不只是有欣賞的價值，更主要的是具有心靈的震撼力，能直接打入人的心底，引起心靈的共鳴。

　　例如蘇格拉底被判處死刑後，在跟朋友談到生死離別的複雜情感時只用了幾句話：「我希望你們多考慮真理，不要去想我蘇格拉底。假如你們覺得我說的話是正確的，就請同意我的看法。假如不正確，那就堅決抵制，以免我欺騙了你們，也欺騙了我的心願；以免在我死前，像蜜蜂一樣，在你們身上留下我的一枚刺。」蘇格拉底這種看似平淡、簡潔的語言，卻給人一種強烈的震撼力。這種力量不只是表現在語言上，而且通過這種語言，將他一生追求真理、宣傳真理的智慧之力量直接透露出來。因此，它不只震撼了周圍的朋友，而且不久就震撼了整個希臘，並在西方文化中留下長久不息的震盪和迴響。

　　在為拯救希臘而獻身的一批烈士之墓前，一個偉大的詩人留下的墓誌銘這樣寫：「啊，過路人，請告訴拉塞達埃蒙人，我們遵照他們的命令，在這裡安息。」

　　這裡沒有任何悲壯偉大的修飾詞，詞句是那麼平穩、樸

實。正因此，使人格外感到一種悲壯的力量。因為詩人明白。悲壯的行為本身就是感人的，語言越是樸素、直白通過它給人的心靈傳導的震撼，阻力就越小。

一種語言的感染力受到特定的文化背景襯托。或許今天我們所依存的文化背景已無法再現古希臘人當時對自己那種語言力量的體驗，但有些傳奇般的史實可讓我們想像那種力量。

有一則關於詩人、劇作家索福克勒斯的故事：有一天，他的兒子指控他對於自己的事務已無管理能力。他被傳訊到了法庭。這位悲劇作家只引用了他不久前寫成的劇本中的一段話作為辯護詞。他的驚人的語言震驚了所有陪審員。一位能夠創作如此動人之詩篇的人，難道是無能的嗎？這是絕不可能的。法庭不再受理這起案子，反而罰了起訴人的款。

還有一則故事：那是在雅典陷落以後，它的征服者斯巴達人在打算徹底摧毀雅典城的前夜，舉行盛大的慶賀宴會。他們計劃把雅典夷為平地，連一根柱子也不留在雅典衛城的土地上。宴會上有人以朗誦詩歌助興，他朗誦了歐里庇得斯的一首詩。參加宴會的人都是嚴峻的戰士，他們原本是慶賀自己通過苦戰而贏得的勝利。但當他們靜靜聽著美妙而激動心弦的詩句時，漸漸地竟然忘了自己的勝利，忘了復仇。最後，他們一致同意，宣布說：這個城市產生了如此偉大的詩人，不應當遭到摧毀。

# 機智與簡潔

與其他地區的希臘人相比，斯巴達人更崇尚簡潔中肯的交談。就像斯巴達人的刀劍雖然短小，照樣能在戰場刺中敵人，

他們的言語雖然簡短，卻往往一語中的。

斯巴達立法者呂庫古的談吐就十分簡潔機智。

例如，有一次，有人問及如何在城邦裡實施民主政治？他答覆道：「你回去吧！首先在家裡實施民主政治。」又有人問他為什麼規定用那些微不足道的物品獻祭！他回答：「為了我們永遠不忘記對神靈的頂禮膜拜。」在答覆同胞的書信中，也有著類似的雋語。當他被問及如何才能抵擋住敵人的入侵時，他回覆道：「保持貧困，勿希冀比別人更偉大。」人們問他如何才能加固城防？他答道：「勇士護城，固若金湯；磚石護城，城毀邦亡。」

斯巴達人厭惡空洞乏味的長篇大論。有人不合時宜地同勒奧尼達斯國王談論關係重大的事務，國王就說：「朋友，事雖緊急，不在其時。」有人問呂庫古的侄兒卡里拉奧斯，為什麼他的叔父只制定了那麼幾條法律，他回答道：「話少的人們需要的法律也少。」詭辯家赫卡泰奧斯被批准加入公共食堂後，一言不發。有人對此深為不滿，阿基達彌達斯在一旁則為他辯護道：「知道怎麼說的人也知道該什麼時候說。」這倒也應了一句古訓：沈默是金。

斯巴達人有不少辛辣而意味雋永的話語。據說，有一個討厭的傢伙老是用一些不合時宜的問題糾纏德馬拉托斯，尤其是嘮嘮叨叨地問他誰是最優秀的斯巴達人。德馬拉托斯最後不耐煩地答道：「就是最不像你的人。」特奧蓬波斯為一個外邦人做了點好事，這個外邦人就不斷地說自己在國內被稱作是熱愛斯巴達的人。特奧蓬波斯說道：「我的好先生，你要是被作熱愛你自己城邦的人就更好了。」一些人競相稱讚埃勒亞人在奧林匹克運動會如何如何公正、令人尊敬等等。阿吉斯就說：「埃勒亞人五年裡只有一天履行了他們的公正，算是什麼了不

起的事呢？」

斯巴達人的笑話中也透露出他們的性格。他們反對信口雌黃，說出那些思想蒼白、無聊乏味的言語。例如：有一次，有人邀請一個斯巴達人去聽某人模仿夜鶯鳴叫。他回答：「我聽過那鳥兒自己發出的鳴囀。」還有人聲稱要送幾隻能一直搏鬥至死的鬥雞給一個斯巴達青年。那個青年說：「快別送我那幾隻鬥雞，要送幾隻能鬥死鬥雞的雞給我。」

# 和諧：宇宙的旋律

各門藝術也許沒有一種比音樂更玄妙的了，它的高度抽象性和濃烈的情感色彩，使它成了一種蘊含特殊智慧的藝術。

當古希臘的畢達哥拉斯發現音的高度與弦的長度成一定比例時，他非常驚訝，覺得整個宇宙的祕密已在他的面前呈現：一方面是永恆的「數」之定律，一方面是和諧完美的音樂。弦上的音樂即是充盈整個宇宙之和諧的表徵，音樂即是數之完美的配合。數是整個宇宙的結構語言；「數」就是宇宙的「邏各斯」。

斯米納得西奧在《數學》一書中是這樣評價畢達哥拉斯學派的：畢達哥拉斯學派稱音樂是對立面的和諧，是對立事物的統一和相互鬥爭因素的調和。因為他們不僅要求節奏的旋律，而且要求（宇宙的）整個系統都要依賴音樂，而音樂的目標就是統一與和諧。上帝使相互鬥爭的因素達到和諧。事實上，這是他運用音樂和巫術藝術的最根本目的，就是使那些敵對的事物達到和解。像他們所說的那樣，音樂是自然中諸多事物統一的基礎，是世界上最好政體的基礎。作為一個法則，音樂在宇

宙中採用了和諧的形態，在國家中採用了合於法律的政府形式，在家庭生活中採用了通情達理的方式。它帶來了一致與統一。他們說，音樂知識的作用與運用，把自身展露在人的四個方面：在靈魂中、在肉體中、在家庭中、在國家中。因為這些事物都需要和諧與統一。

在這裡我們可以看到，畢達哥拉斯學派將音樂視為自然和社會中各種事物和諧統一的基礎，即隱藏在事物背後的「邏各斯」。因而，音樂在畢達哥拉斯學派那兒成了對宇宙及邏各斯的一種思考。音樂不是一種純粹表達人之情感的形式，而是一種「知」的形式，探究宇宙奧祕（即邏各斯）的一種手段。

畢達哥拉斯學派認為，音樂並不是人為的創造，而是「自然」的創造；節奏屬於自然，並不是人所固有的。人並不能任意創造它們，而只能發現它們，順應它們。音樂是從心靈中自然而然流出來的，是宇宙節奏的心靈「寫真」。


# 哲人的幽默

人生往往並不能遂人心願。在不如意或遇到危難時，能夠洞徹人生的沈浮，並以輕鬆幽默的心態處之，確是包孕著大智大慧。古代的哲人往往具有這樣的大智大慧。

傳說希臘大哲人蘇格拉底的妻子姍蒂珀是有名的悍婦。蘇格拉底未娶之前，已聞姍蒂珀悍婦之名，然而蘇氏還是娶了她。蘇氏自我解嘲：娶老婆有如馴馬，馴馬必得馴一匹野馬，娶個悍婦，乃大有助於修身養性。有一天，家裡又聞河東獅吼。老蘇無奈，想出外找個寧靜之處。他正跨出家門，那婦人把一盆冷水從窗口「嘩啦啦」傾倒在他頭上，淋得他像個落湯

雞。他卻毫無慍色，自言自語道：「我早知道，雷霆過後必有甘霖。」說完，抖了抖身上的水，若無其事地走向市場去了。

日常生活中能夠有如此雅量已是不易，危難臨頭時也能幽上一默更是不易了。有一次，蘇格拉底因被人誣告巧辯惑眾、貽誤青年、褻瀆神靈而被法庭處以死刑，雖然他有機會獲得赦免或逃脫，但他為了証明自己的所為並沒有錯，竟接受了服毒自盡的極刑。那夜他泰然自若地將毒鴆一飲而盡。門人們不禁失聲痛哭起來，他卻說道：「這麼哭哭啼啼幹什麼？我不讓女人待在這裡，就是怕她們來這一手。你們也許知道人應該在寧靜中死去，那就安靜一點吧！」聽了這番話，門人們頓時收住眼淚。不一會兒，蘇格拉底感到毒性已上來了，下肢周圍開始變涼。這時他撩開蓋在身上的被單，講出最後一句遺言：「想起來，我還欠阿斯克勒庇俄斯一隻公雞，請替我還清了。」說完這句話，他再也不吱聲了。

面臨挫折和失敗，依舊悠然自得，不失幽默，確是一種智慧的流露。

# Chapter 8
# 奇異的主宰

　　政治、權力、民主和領導，這些對於現代人來說已是十分熟悉的字眼，但在古希臘時代卻是智慧追尋的神奇力量。

　　古希臘是一個處於戰亂時代，還沒有脫離野性的民族，有著一種尚武的精神。武力能夠獲得一切，武力是實在的、可以感覺和捉摸的征服力和統治力。

　　但是，在對外具有明顯主宰力的武力，面對內部，面對自己人時，卻無法顯示出它的主宰力量了。內部的主宰力是什麼呢？對於沒有史前文明借鑒的古希臘人來說，這就成了一個巨大的神祕。當他們憑著智慧、良心和靈感，發現了那些在今人看來是政治、權力、民主和領導藝術的原始形式時，他們感到的只是一種奇異的主宰力。

　　當然，這種主宰力沒有經過後來文明的修煉，帶有不少粗糙和不合理性；但也正因為沒有文明規範的人為模式，這種主宰力比現代更富於自然人性的色彩，更接近生活本來的面目，給人以親切、有趣的感受，而不是老生常談的討厭名詞。

# 無權的領導

領導藝術似乎是一個現代的名詞，它是「權力統治」的對立面，包含著一種高瞻遠矚、胸懷大略、善於引導、不施強權的智慧能力。但實際上，人們今天看到的領導人物大都是與上層機構賦予的權力或財產資本襯托的地位相聯繫的，在所謂的領導藝術後面，真正起著威懾作用的是政治或經濟權力的影子。沒有權力做墊基的領導藝術，顯示純粹智慧的領導藝術，即使在現代文明的水平上，仍然是不多見的。

然而，古希臘時代的智慧之士中就有這樣一位人物，他展示了一種真正的領導藝術，一種沒有權力背景的非凡的領導藝術。他就是古希臘著名的記載史家色諾芬。

色諾芬是一個友好善良、和藹可親的人，誠實、勇敢、通情達理、才華出眾。他有非常廣泛的興趣和愛好，從事過各種職業，年輕時就離開父親的莊園，到雅典接受教育。他特別欣賞蘇格拉底那種具有實用價值的智慧。後來他離開雅典，投筆從戎，開始了戰爭生活。

在斯巴達統治雅典的第三年，他參加了一支由希臘人組成的萬人雇傭軍，幫助波斯國王的次子居魯士打仗。不幸居魯士在與兄弟爭奪王位中死了，部隊失去了打仗的意義，停留在離巴比倫不遠的亞洲一個小鎮附近。高級軍官們在與波斯人談判的過程中全部中計被害，整個部隊失去了統領，而四周又被死亡的力量包圍著。波斯人以為如此一來，軍隊必然自行瓦解。想不到在這支部隊裡出了個色諾芬。

色諾芬當時只是這個部隊中一名沒有入伍的年輕辦事員，是一個沒有權力和地位的角色，而且也沒有人可以將現存的權力和領導地位交給他。另一方面，希臘人又是極難統領的。希

· 色諾芬（前 427-前 355）

臟人最強烈的個性特點就是自己決定自己的生活方式，自己的行動由自己選擇。軍隊有嚴格的紀律，但他們更服從才能和智慧。一個無能的將軍或指揮錯誤的軍官，士兵們會向他投擲石子，拋棄他，自行決定。在這種非常危急的情況下，面對這樣個性突出的萬名士兵，色諾芬憑藉自己的智慧，以極出色的民主、自由的領導藝術贏得所有低級軍官和士兵的信服。

　　他在危急的時候，串聯了下級軍官開會協商大計。會上，

他首先利用演說的才能鼓起大家的信心和士氣。所有下級軍官一致推選他出來統領隊伍。

於是，他馬上吹號召集全體軍士大會，又做了更激昂的鼓動。其中最有激動力量的恰恰不是突出統帥，而是突出每一個人。他說：「他們認為我們的指揮官死了，我們尊敬的老將軍克利亞庫斯死了，我們就會失敗。但我們要他們睜開眼睛看一看，我們每個人都是將軍。這是他們的功勞；現在不只是一個克利亞庫斯，而是一萬個克利亞庫斯和他們戰鬥。」

這種鼓動，以極其自然又極其簡短的方式，將所有責任和信心注入每一個戰士心中。在這種注入的同時，從每個戰士的心中產生出一種共同的凝聚力，使色諾芬獲得了全體戰士的擁護。第二天早晨，一萬名將軍開始了返回希臘的長征。

他們無法從原路回去，因為四周都被敵人包圍了，找不到嚮導，當時還沒有地圖和指南針。於是只能北上，進入高山峻嶺，到達底格里斯和幼發拉底河發源地，通過今天叫作庫爾德斯坦的荒野以及格魯吉亞和亞美尼亞高地，與這些地方的原始部落為生存展開搏鬥。

擺在萬人大軍面前的困難來自各方面：山高路陡，沒有糧食；河深水冷，沒有裝備；冰天雪地，沒有冬衣；隨時都會遭到原始人的襲擊。在這種情況下，色諾芬明白，絕不能靠個人的決斷指揮，必須靠每個人的智慧，以各種不同方式自由發揮，戰勝困難，實現返回希臘的共同目標。他現在不是要做一個指揮員，而是要做真正的領導；也就是說，他不是要行使權力，讓人服從，而是要給大家一種信心和動力以啟發各個人的智慧來戰勝困難。

從幾個例子中，我們可以看到色諾芬的領導藝術之妙——

有一次，色諾芬派遣一個偵察小分隊查明通往大山的路徑。出發前，他關照大家：在任何危急關頭，都要發揚民主，充分討論，採納合理的意見。他說：「你們每個人都是隊長，不論是誰，只要能提出更好的計畫，就要讓他發言。我們的目的是保証每個人的生命安全，這是大家所共同關心的問題。」

　　對重大問題的判決，是由所有人承擔的。有一次，大家要求色諾芬說明打士兵的情況。他說：「我承認打了人。我告訴他把一名傷員背回營地，但是我發現他卻把那位傷員活埋了。我還打過別的人。有些人凍得半死，掉在雪堆裡拔不出腿來，越陷越深；有些疲勞過度，落在隊伍後面，很可能被敵人抓去。這時候，給他們一拳，使他們振作精神，加快腳步。我在戰鬥中，在行軍途中，都幫助過人，他們都沒有站起來說話，他們都忘了。不過，不用說，記住一個人所做的好事要比記住他所做的錯事好得多，也愉快得多。」

　　色諾芬這種開誠布公，沒有怨恨，但又提醒人們公正待人的辯護，使全體戰士信服了；在場的人想起色諾芬過去的好處，紛紛站起身來，表示對他的理解。

　　有一次，他騎馬從後衛到前鋒去商量一個問題。行軍的道路被厚厚的大雪覆蓋著，士兵們步履十分艱難。這時候，一位戰士對著他大聲喊道：「你騎在馬上，太輕鬆了。」色諾芬一聽，立刻從馬背上跳下來，把那個戰士推向一邊，自己加入行軍的行列。

　　這種民主、尊重士兵、以身作則的領導行為，使色諾芬極順利地調動起部隊的主觀能動性，採取各種靈活應變的戰術和巧妙有遠見的戰略，終於在四個月的時間裡，轉戰二千多英里，歷經了無數艱難困苦，勝利地回到希臘。

　　他在一本描寫統帥居魯士的書中，這樣談到領導藝術：

「應該相信，自覺自願的服從始終勝於強迫的服從，應該真正懂得如何才能得到人們的自願服從。只有這樣，他才能得到士兵的服從。因為他使士兵深信無疑：他知道得最全面、最正確。正像一位病人服從一個醫生一樣。同時，他必須吃苦在前，忍受比戰士更多的苦難，經受更多的嚴寒酷暑煎熬。居魯士說：『如果你不比麾下將士經受更大的苦難，你就不可能成為一名好指揮官。』」

當然，在權力至上，勾心鬥角的階級社會中，真正的領導藝術只有在極個別的危難時節，才能得到較好的發揮，絕大多數時候，則是要靠玩弄權術或追隨權勢來站穩腳跟的。因此，色諾芬的領導藝術，使希臘人公認他是一位將才。但實際上，他並沒有掌握過軍隊的實權，最後終因世事多變的命運，使他脫離了軍隊，在鄉間度日，寫下大量的著作。

# 三登雅典寶座

在古希臘奴隸主貴族的統治日益腐敗，階級矛盾日益加劇的情況下，處於中產地位的工商奴隸主階層中，有一些比較賢明的人逐漸掌握了政權。這種地位的轉換最初要靠賢明和善德來得人心，博得廣泛擁戴後獲得權力。這種良善作為個人的氣質，當然不可能是虛假的偽裝。因而當他執掌政權後就會延續下去，在沒有遇到失敗的教訓前往往不可能一下子轉向殘酷鎮壓。但事實上，面對被推翻的階級，不殘酷鎮壓又無法使自己保持政權。

這種非世襲的，而是社會變革性執政前後的矛盾，僅僅靠個人的智慧是難以事先弄明白的，只有在事實的曲折中經受考

驗，其智慧才能由個性上升為社會性，從而理解執政前後不同真理的內在聯繫。梭倫改革後期出現的僭主庇西特拉圖三次登上雅典統治寶座的故事，就說明了這層道理。

梭倫改革以後，雅典出現了三個派別：一派是掌握大片土地的貴族派，稱作平原派；一派是工商業主，從事航海貿易的沿海派；還有一派是山區貧民，稱為山居派。由於利益的衝突，三派無法達成協議，鬥爭日益激化。於是山居派推舉庇西特拉圖為他們的首領。

庇西特拉圖是一個隨和、聰明、機智的人，他接近窮人，傾聽他們訴苦，想法幫助窮人，在戰爭中又十分英勇，許多人希望他當權，但貴族又十分害怕他得勢。

有一天，庇西特拉圖到人民大會場去時，路上被貴族派打傷。他要求人民給他派一個衛隊。從此，他發展了這個衛隊的實力，占領雅典的衛城，成了雅典的統治者。

庇西特拉圖首次成為統治者時，並沒有施行鎮壓手段。他保留了梭倫的法律制度，對自己的政敵也相當寬容，試圖用仁政感化人心，維持統治。沒想到政敵們因此放膽勾結起來，在他執政的第六年，把他趕出了雅典。

政敵們在勾結起來時是一致對外的，庇斯特拉妥一被趕走，勾結的聯盟就瓦解了，平原派和沿海派的紛爭又激烈展開了。沿海派首領墨加克勒斯在被逼到毫無出路的時候，又與庇西特拉圖祕密談判，設法讓他回來支持自己，同時答應把女兒嫁給他。墨加克勒斯放出消息，又布置了很隆重的儀式歡迎庇西特拉圖回國。可是不到一年，由於兩黨利益太不一致，庇西特拉圖與墨加克勒斯又無法合作了，就與他的女兒離婚，結果被第二次趕出雅典。

從此以後，庇西特拉圖過了十年流放的艱苦生活。但他沒

有虛度時光；他從事採金礦為業，積累錢財，等待時機，後來在底比斯人支持下，用金錢召募了雇傭兵向雅典進攻。由於他深受廣大貧民的支持，所以軍隊一到，雅典由貧民為主的義勇軍並不積極抵抗。他們吃飯、打牌、躺下打盹，滿不在乎，因而庇西特拉圖輕易就攻進了雅典，第三次奪回政權。

鑒於前幾次的教訓，庇西特拉圖執政後的第一件事就是鎮壓敵人，沒收貴族的土地、財富分給貧民，賦予平民更多的權力，把貴族的子女作為人質，送到克索斯島控制起來。此外再選用了擁護他的人擔負重要職務。從此，他鞏固了政權，一直統治到自己終年。

這說明政治治理與日常事務不同，既得有雍容大度的政治風範，又必須具備制敵人於死地的果斷狡智。


# 貝殼上的民主

民主投票歷來是一種統治的手段，而且是一種巧妙的統治手段。它沒有流血，不用暴力，卻是具有強大制伏力的戰鬥武器。這是一種讓人難以反抗、文明又充滿智慧的武器。在古希臘，首先發明這個武器的人是雅典的大政治家克利斯提尼。

克利斯提尼（前 570-前 508）在驅逐了僭主希庇亞斯（庇西特拉圖之子）以後，成為雅典民主政治的領導人，因此他最關心的事情就是要使新的野心家不能奪取雅典的國家政權。為了鞏固並發展雅典的民主政治，他同貴族世家及雅典的貴族們進行了鬥爭。他把原來的四個部落改成十個新的部落，把顯貴的和普通的公民、富足的和貧窮的公民分插在各個部落裡。然後從每個部落裡選出五十個人到國家的最高機關——五百人議

會裡去。公民法庭（陪審法庭）也創立起來了。陪審法庭由六千人組成。一切國家官職要由選舉才能取得，人民大會也比先前開得勤，它的作用也大大增加。在克利斯提尼的時代還接納了許多外邦人為雅典的公民；而在過去，這些居住在雅典的外邦人是沒有公民權的。

但是，僅僅從正面限制了貴族篡權的道路，他總覺得還不夠保險，他還想不斷鏟除貴族方面對民主制不滿的勢力和情緒。而民主制本身又不能用專制的暴力手段對這種尚未構成犯罪行為的思想情緒進行鏟除，於是他就創造出一種新的方法：在召開全體公民大會的時候，發給每個出席人一個貝殼，公民可以在上面書寫任何人的名字。人們只要認為誰傾向於僭主政治，與貴族勾結，對民主政治有所不滿，就可以將這個人的名字寫在貝殼上。然後把貝殼祕密收集起來統計，如果投票人總數少於六千，這次投票就認定無效。要是投票人超過這個數目，就把貝殼按名字分開，獲得多數票的人就被判處放逐十年。這個投票的民主制度被稱作「貝殼放逐法」。

歷史記載了這樣一次貝殼放逐法進行的過程——

那是在雅典中心的市崖廣場，熙熙攘攘的各色商人、閒士、店員、小販在街上川流、交易。在這個廣場的漂亮建築物處設立了寺廟和國家機關，旁邊有神和英雄的雕像，中央高聳著一座講壇。這時傳令官登上講壇，宣布停止貿易，召開重要的公民大會。雅典人十分自覺地平靜下來，商販們迅速收了店攤。傳令官宣布會議的內容是根據上一次會議提出的問題：是否可以懷疑在雅典人之中仍然有傾心於僭主政治的公民？要是在大會上發覺了有這種嫌疑的人，應該立即把他從雅典放逐出境。這次會議就是要正式決定：究竟誰該被放逐。

於是每個出席大會的人各收到一塊貝殼，每個公民在上面寫上自己認為應該被放逐之人的名字。然後輪流走到用籬笆圍著，設立了十扇門的投票場，把貝殼寫上名字的一面朝下交給收票人員。經統計票數，五百人議會中的一位議員向群眾宣布結果：西馬赫的兒子亞立司泰提被放逐。這個結果引起了人們的各種爭論：有些人認為是不公正的，有些人則認為是公正的。從各種不同人的議論中，可以看出，這種民主方法既反映出一些人的利益原則，也帶有很大的輿論盲目性和容易被少數人操縱的缺點。

許多農民、工匠、小買賣人都贊成放逐亞立司泰提。他們說：「怪不得亞立司泰提反對建立海軍。大家都知道，保衛祖國的事情他是不操心的；他操心的卻是：窮人一旦做了戰艦上的槳手，他們就不用為了一小塊麵包而奔走，也不必再服從豪富和貴族了。難怪亞立司泰提總是那樣讚揚貴族政體的斯巴達和它的同盟者了。他想使雅典的人民也永遠停留在貴族老爺們的統治之下。好吧！現在讓他到自己的朋友們那裡去吧！讓他滾出雅典！」這是那些不明真相，很容易從利益上被輿論挑動起來的平民百姓的觀點。

另一部分人則認為不公正。有的人想起了亞立斯泰提對國家的功績，在著名的馬拉松戰役中的英勇行為，以及他平時處事的公正立場，被人稱作「公正的人」。他們認為放逐亞立斯泰提是不公正的。他的一個朋友則憤怒地說：這一切輿論偏見都是亞立司泰提的仇人幹的勾當。

而另有一個人說出了群眾中存在的盲目性的例子——

在進行貝殼投票時，站在亞立司泰提附近有一個農民，他並不認識亞立司泰提，就走到他身邊，請他幫忙在貝殼上寫一個名字，因為他自己不識字。

「你想寫什麼人的名字？」亞立司泰提問農民。

「亞立司泰提。」農民回答。

他十分驚異地問農民：「是不是亞立司泰提曾經欺負你，給你吃過苦頭？」

「完全不是這麼回事。」農民回答：「這個人我連見都沒有見過，但是我討厭到處稱讚他公正的人。」

由此可見，早期純粹的民主手段是有很多弊病的，即使比較合理和科學的民主手段，也必須具備相應的文明水準作基礎；沒有相應的文明做保證，再好的民主手段也可能成為少數人蒙蔽或操縱無知群眾的工具。

古希臘人的政治智慧不僅在於有過貝殼放逐法，更在於對這種「民主手段」的洞察。

# 湮沒的人權種子

人權平等，是人類進入階級社會之後始終渴望而又無法實現的理想。不過，作為一種理論，歷來認為它只是資本主義社會的產物。二十世紀初，有一支考古隊伍挖掘古埃及奧刻西林赫的城市遺址時，意外發現了古希臘思想家安提芬的《真理論》手抄本，其中具有豐富的關於人權平等的理論和論述。我們知道，古希臘社會是奴隸社會，不但在主人與奴隸之間絕無平等，而且在貴族和平民之間也沒有平等。在這種歷史背景下，要形成人權平等的思想不但需要智慧，而且需要勇氣。

關於人權平等的思想，在古希臘，一般人是不敢想像的，只能在神話中，通過人與神的愛情，才表現出間接而遙遠的嚮往。有一個「丘比特和普賽克」的神話，講的是凡人普賽克因

美麗異常，引得眾人都不去禮敬維納斯神。維納斯一怒之下，叫兒子丘比特設法讓普賽克迷上怪物。可是丘比特對普賽克一見鍾情，瞞過母親，與普賽克偷偷結婚。事情終於讓維納斯知道了，她把丘比特關起來，並給普賽克設置了種種超越凡人能力的困難。但普賽克在各種奇遇的幫助下，終於克服困難，最後與丘比特合法結婚。神話顯示出希臘人對人與神平等的嚮往，但又看到即使具有美麗天賦的普賽克，要消除人神的界限也是艱難重重。

饒有趣味的是，安提芬「人權理論」的形成也經歷了猶如神話故事般的曲折。安提芬是雅典人，父親安托希特斯是奴隸主貴族，既有很高的社會地位，又很富有。為了把安提芬培養成才，他的父親就讓他到雅典的一名大詩人歐里庇得斯那裡學習。安提芬十分聰明好學，深受老師喜愛。有一天，歐里庇得斯聽說希臘某地一場戰爭結束了，勝方把敗方的人當作奴隸，運到雅典市場出售。他想買個奴隸回家使用，就帶著安提芬到奴隸市場。他們挑選了幾個都不滿意。後來賣奴隸的販子認出了歐里庇得斯，給他介紹了一位有學問的奴隸刻菲索豐。歐里庇得斯聽說過他的學問，對他變成奴隸十分同情，便買下來當成朋友相處，讓他幫助抄稿子，有時也請他給安提芬上課。長久相處，安提芬對這位奴隸產生了好感，他開始感到像刻菲索豐這樣有學問的人，被當作非人的奴隸是不公平的。

事有湊巧，安提芬十七歲時，父親把他叫回家裡，並派了一個年輕女奴吉拉服侍他。由於他在刻菲索豐那裡對奴隸產生了平等的看法，加上吉拉聰明漂亮，比他小一歲，不久便產生了愛情。但是主人和奴隸就像神仙和凡人一樣是根本無法消除鴻溝的。為了實現愛情，安提芬開始盤算他解放吉拉的方法。

一年以後，安提芬十八歲，按規定要參加軍事訓練。軍訓

成績的好壞對一個青年日後的前程影響重大。為了鼓勵兒子有所作為，其父對安提芬說，只要在軍事訓練中能名列前茅，就可以滿足他提出的任何一項要求。安提芬一看機會來到，在軍事訓練中十分刻苦認真，取得了最好的成績。這在當時的雅典是極高的榮耀，他的父親十分高興，在設宴時，當眾宣布滿足兒子的一個要求。按照當時雅典青年的慣例，在這時總是要求一套價格昂貴的盔甲和精美的武器。可是出人意料，安提芬提出讓父親把女奴吉拉賞給他，讓他自己成為吉拉的主人。對兒子的這個要求，父親十分氣惱，但許諾已經出口，不能收回，只好把吉拉按法律程序，轉到兒子名下。安提芬成了吉拉的主人後，不久就解放了吉拉。為此父親對兒子痛斥了一頓。不想安提芬又提出與吉拉結婚的要求。他的父親無法從法律上反對，只能宣布如果他與原來的女奴結婚，就斷絕父子關係，剝奪兒子的財產繼承權。安提芬堅定主意，和家庭決裂，與吉拉結了婚；從此，離開了貴族，成了雅典的貧民。他在依靠自己勞動，接近貧民的生活中進一步轉變了思想情感；他利用自己的法律知識和哲學智慧幫助貧民打官司，贏得民眾的擁戴。

安提芬在不斷為貧民打官司的過程中，他看到了「人天生有主人和奴隸之分」的奴隸主真理和法律是荒謬和不公正的。他認為，人都是自然的產物，都應該遵循自然的公平法則，這種法則不受人的意志轉移，沒有虛假的因素；而人為的法律則是虛假的，為人的意志所利用。

他曾這麼說過：「一個違背法律規則的人如果不被制定契約的人所親見，他就不會蒙羞受罰，而只有當他被人目擊時，他才蒙羞受罰。至於違背天賦的自然規律，情形就兩樣了：人如果拂性逆理，逸出這些法則的固有界限，則他雖完全不被人

發現，其不良後果並不因此減少；雖然人人所見，其後果也並不因此加大。這是因為他所招致的損害並非來自人的品評，而出自那種情形下的事實。」對於這種觀點，我們當然不能以今天的眼光去批評他的法律虛無主義。在當時的歷史背景下，這種自然主義觀點對野蠻的奴隸主法律總是一種進步。

正是在這種自然主義的基礎上，安提芬於是寫了一本《真理論》，把奴隸主那種人權天生不平等的真理顛倒過來。書中寫道：「出身高貴的人我們敬仰，出身低賤的人我們看不起。從這一點上，我們在彼此對待的行為方面是野蠻的。我們的自然稟賦在一切點上都一律平等，不論我們是希臘人或野蠻人。我們可以觀察到人人天生有人所必須具備的任何一種能力的特徵。」他的這套理論當然為奴隸和貧民所歡迎，為統治者所敵視。而任何時代的真理都是統治者的真理，反對統治者的真理絕不允許出版。因此，這本窮人的《真理論》只是手抄本，在民間傳閱。後來被統治者所發現，下令禁書，搜抄焚毀。這朵古希臘就曾開出的人權花朵雖然未能結果，但透過故事所看到的古希臘人追求與人平等的智慧歷程，卻在一切人與人還不平等的場合都有啟迪作用。

# 無為和有為

如同中國傳統上有出世和入世之分野，古希臘也有有為和無為之區別。亞里斯多德評論道：存在著同樣崇尚善德為人類最優良的生活，而在實踐方面卻又為道不同的兩派學者的意見，「有些人厭棄政治，認為獨立的自由人生活異於政治家的生活，他們常樂於安靜，寧願避世寂處。另一學派則認為最優

良的生活寓於政治活動之中；人生一定要有『善行』而後方可獲致『幸福』，而一切『無為』的人就沒有『善行』可言。」

阿里斯底波、德謨克利特、阿那克薩哥拉、伊索格拉底、第歐根尼等人都持「獨善其身」的思想。

阿里斯底波認為拋棄政治的煩累生活，方能過好個人的恬適生活。因而這一學派稱林泉逸居的閒靜生活為「晴朗的日子」。阿那克薩哥拉以一個克拉左美奈僑民的身分久居雅典，晚歲因瀆神之罪被迫離開雅典，也不回故土，而客卒於郎伯薩可，終身未參加城邦政治。德謨克利特辭行政官職而閒居在家。伊索格拉底宣布自己終生不任官職。

高爾吉亞、普魯塔戈拉、蘇格拉底、柏拉圖、亞里斯多德等人則持「有為」入世的思想。對於持有隱逸想法的阿里斯底波，蘇格拉底用普拉迪克斯的《論赫拉克雷斯》來開導他——

神明所賜予人的一切美好的事物，沒有一樣是不需要辛苦努力就可以獲得的。如果你想獲得神明的寵愛，你就必須向神明禮拜；如果你希望得到朋友的友愛，你說必須善待你的朋友；如果你想從一個城市獲得尊榮，你就必須支援這個城市；如果你希冀因你的德行而獲得全希臘的表場，你就公須向全希臘做出有益的事情；如果你要土地給你帶來豐盛的果實，你就分須耕耘這塊土地；如果你決心想從羊群獲得財富，你就必須好好照管羊群；如果你想通過戰爭而壯大起來，取得力量來解放你的朋友並制服你的敵人，你就必須向那些懂得戰爭的人學會戰爭的藝術並在實踐中對它們做正確的運用；如果你要使身體強健，你就必須使身體成為心靈的僕人，用勞力出汗來訓練它。

與蘇格拉底相比，亞里斯多德更重實踐。他認為善性的見於思想不如善德的見於行事，他把參與政治作為公民的正當生活，提倡在世不說窮達卻應「兼善天下」。這與中國儒家的入世思想倒有相通之處。

　　他指出，無為派把「無為」看得過高，竟然認為「無為」勝於「有為」，是一種謬誤。事實上，實踐（有為）就是幸福，文人和執禮的人所以能夠實現其善德，主要就在於他們的行為。因此無論城邦的集體生活，還是人們的個別生活，必然以「有為」為最優良的生活。

　　不過，亞里斯多德對於「有為」和「無為」取一種頗為辯証的看法。他認為，所謂「有為」的生活，並不完全像有些人所設想的，必須涉及人們之間的相互關係。也不能說人的思想只在指向外物，由此引起他對外物的活動時，才說他正在有所思想。思想如果純粹是為思而思，只自限於它本身而不外向於他物，才是更高級的思想活動。他進一步認為，我們當然應該做出這樣或那樣表現我們意旨的行為，但就以這些外現的活動為証，也充分說明思想為人們行為的先導。而思想既然本身也是一種活動（行為），那麼，在人們專心內修，完全不干預他人時，也是「有為」的生活實踐。所以獨處而自願與世隔絕的城邦也未必無所作為，他們可以在城內各個部分盡力活動而求其實踐。就各別的人生來說，也是如此。

　　將個人的生活與城邦的政治生活聯繫得這樣緊，並作為「無為」和「有為」的主要標誌，是古希臘人，尤其是雅典人的特有現象。這說明他們（當然只限於那些在總人口比例中不算高的公民）的政治參與性和民主化程度是較高的。事實上也確實如此，雅典人政治思想上雖好理論，樂於辭辯，而大多崇尚功業，重視實踐。

# Chapter 9
# 永不消逝的童年

金色的童年，會在人的一生中保持著美好的回憶。不過保留下來的究竟是什麼呢？

看看古希臘給人類文明保留下來的各種音樂、詩歌、神話、寓言，或許你就能通過類比而獲得啟示了。

莎士比亞說過：天真就是皇冠。如果這句話用在個人身上，讓你感到玄妙難解，那麼看看古希臘音樂、詩歌、神話、寓言中的永恆智慧，你就會明白，為什麼童年天真的智慧會包含著人一生的真理了。

古希臘是人類的童年，而人類每天都有作為個人的童年。人類的童年通過個人的童年，永不消逝地遺傳；同時，個人的童年又最自然而高效地吸收著人類童年的智慧養料，永不停息地擴充著人類的發展。

這種奇妙的轉換關係，你在自己的機體中能夠看到嗎？

這就是古希臘智慧以外所透露的啟示。

# 詩與真

　　亞里斯多德在《詩學》中曾這樣說道：「寫詩這種活動比寫歷史更富於哲學意味，更被嚴肅地對待，因為詩所描繪的事帶有普遍性，歷史則敘述個別的事。」

　　這就是說，詩歌比歷史記載更接近真理。因為詩是表演人生普遍的情緒與意義，歷史是記述個別的事實；詩所描繪的是人生情理中的必然性，歷史是記載時空中事態的偶然性。事實上確實如此。古希臘悲劇詩人的詩劇深刻地揭示了隱含在人類行為背後的必然性；用他們的話來說，就是不可抗拒的命運。

　　因而，在古希臘，詩人的作品，尤其是荷馬的作品，成了希臘人汲取智慧的泉源。詩成了他們教育的基礎、他們行動的嚮導、他們思維的靈感。如果他們想提供一條建議或忠告，他們往往會援引某條詩句。這樣做不僅是為了悅人耳目，也是為

·亞里斯多德（前 384-前 322）

·柏拉圖（前 429-前 347）

了鼓勵、規戒和仿效。而荷馬的史詩《伊利亞德》和《奧德賽》對他們來說，就如同清教徒心目中的《聖經》。大至國事，小至家庭瑣事，他們都可以從中找到一段詩文來支持或加強他們的決定。亞里斯多德的《政治學》一書就引用了不少荷馬史詩的詩文。

柏拉圖是這樣描繪詩歌之功能的——

當男孩識了字，開始理解所寫的字之後⋯⋯他們將大詩人的作品置於他們的手中，他們在學校裡閱讀它們。這些作品之中包含著各種各樣的訓誡、故事，以及對古代名人的稱頌；這些東西是他必須牢記在心的，以便他可以模仿或效法他們，和渴望成為像他們一樣的人。

由於詩歌充當著萬能智慧庫的作品，必然引起人們對詩歌的獨特關注。柏拉圖更對詩歌提出了道德要求。他甚至要求詩人直接灌輸下述的道德觀念：善良公正的人即使身無分文也是幸福的；邪惡和不義的人即使腰纏萬貫也是悲慘的。這種詩歌觀念最著名的描繪要數阿里斯托芬了。他在其喜劇《蛙》中這樣描寫道——

一個詩人應當這樣寫：試看自古以來，那些高明的詩人多麼有用啊！俄耳甫斯把祕密的教義傳給我們，教我們不可殺生；穆賽爾斯傳授巫術和神示，赫西俄德傳授農作術、耕種的時令、收穫的季節；而神聖的荷馬之所以獲得光榮、受人尊敬，難道不是因為他給了我們有益的教誨，教我們怎樣列陣？怎樣鼓勵士氣，怎樣武裝我們的軍隊嗎？

詩的這種萬能智慧庫的作用，在現代人看來是難以理喻的。因為在現代社會，知識已被切割成一個個專門領域，詩已失去它原有的作用，而退化成純粹個人情緒的一種宣洩。而且即使是這一點，也已岌岌可危。在現代的消費社會中，詩與真已不斷分離，而僅僅成為一種消費品，一個無病呻吟的裝飾物，一種廉價的廣告語，而不再是真實感情的流露，更不用說燭照三才，洞徹萬有了。現代哲學大師海德格欣喜地在荷德林的詩歌中找到了「存在之家」，可是今天這已成了一個問號。

# 音樂寓言

古希臘有這樣一則音樂寓言：歌手俄耳甫斯賦予了木石以名稱，他借助這名稱，催眠了它們，使它們像著了魔似地解脫了自己，一路追隨著他。他來到一片曠場，彈奏起他的七弦琴，這曠場竟然變成一個熙熙攘攘的市場。等音樂演奏完畢，旋律和節奏卻留住不散，凝固在市場建築裡。市民們在這個由音樂凝成的城市裡來回漫步，陶醉在永恆的旋律之中。

所以後人稱「建築是凝固的音樂」。另有人把這句話倒轉了過來，稱音樂是「流動著的建築」，意為音樂雖然在時間的流逝中不斷變化著，但它的內部卻有著嚴整的形式結構，依循著節奏、旋律、和聲的規則，就像一座建築一樣，裡面有著數學的比例。

近代法國詩人梵樂希寫了一本論建築的書，名叫《優班尼歐斯》。書中有這樣一段對話，是描寫古希臘一位建築師同他的朋友費得諾斯在郊原散步時的談話。他對費說：「聽啊，費得諾斯！這家小廟，離這裡幾步路，是我替赫耳墨斯建造的。

你可知道，它對我的意義是什麼？當過路的人看見它，不外是一座丰姿綽約的小廟——一件小東西，四根石柱撐著的一個平凡的體式。我在它裡面卻寄寓著我生命中一個光明日子的回憶。啊，甜蜜可愛的變化呀！這座窈窕的小廟宇，沒有人想到，它是一個柯林斯女郎的數學造像啊！這個我曾幸福地戀愛著的女郎，這小廟是很忠實地複示著她的身體的特殊比例。它為我活著；我寄寓於它的，它回賜給我。」

費得諾斯回答道：「怪不得它有這般不可思議的窈窕呢？人在它裡面真能感覺到一個人格的存在，一個女子的奇花初放，一個可愛的人兒的音樂之和諧。它喚醒一個不能達到其邊緣的回憶。而這個造型的開始——它的完成是你所占有的——已經足夠解放心靈，同時震撼著它。倘使我放肆自己的想像，你知道，我就要把它喚做一闋新婚的歌，裡面夾著清亮的笛聲——我現在已聽到它在我內心裡升起來了。」

這是一個多麼優美動聽的故事啊！這則寓言將少女、建築和音樂融為一體。一個窈窕可愛的少女就像一首優美動聽的音樂，經由其愛人的妙手，化成一座有著特殊比例的廟宇。今人也許會直接雕塑一個少女的像，但很少會把一座建築物視為一個少女的化身。這說明了古希臘人特有的情致，他們將智慧融入了時間藝術和空間藝術之中，而時間藝術和空間藝術又透露出他們特有的智慧。

在他們的時間藝術和空間藝術中也有一種邏各斯，那就是數、尺寸和比例。

然而在中國老莊的眼裡，音樂又呈現出另一種形態。莊子主張「視乎冥冥，聽乎無聲。冥冥之中，獨見曉焉；無聲之中，獨聞和焉。故深之又深，而能物焉。」這是聆聽大自然中的「無聲之樂」，也就是宇宙最精微的結構形式。

這種形式就是莊子所說的「道」，它是流動著、變化著的，像音樂那樣「止之於有窮，流之於無止。」這「道」和音樂的境界是「逐叢生林，樂而無形，布揮而不曳，幽昏而無聲，動於無方，居於窈冥。或謂之死，或謂之生，或謂之實，或謂之榮。行流散徙，不主常聲……聽之不聞其聲，視之不見其形；充滿天地，苞裹六極。」

在這裡，我們可以看到中西文化差異在音樂思想中的表現：一個注重的是數、尺寸和比例，即音樂中的邏各斯；一個強調的是流動性、自然性，即音樂中的道。由於有了這種音樂的邏各斯，才產生巴哈那十分奇妙的十二平均律和莫扎特、貝多芬那無比輝煌的交響樂；而由於有了這種音樂之「道」，才有了中國音樂中那種超凡脫俗、宛若天籟的清音雅樂。

# 神話的機趣

「借神道，識人道。」是古希臘神話的機趣所在，是古希臘人認識世界、認識自我的一種方式。神話並不只是說說故事，博人一笑而已，而是蘊涵著他們對天道人理的一種認識、一種闡釋。所以荷馬史詩才被古希臘人奉若《聖經》，成為他們汲取智慧的寶庫，並進而成為西方文學創作的智慧源泉。

德國浪漫派哲學家施勒格爾曾在《神話學》中提出了「機趣」的概念。他認為「神話學」是最古老的機趣，諸神是機趣的最初產物。

那麼，什麼是神話的機趣呢？

首先，神話是人類所創造的第一個精神家園。古人面臨的世界是一個陌生的、千變萬化的世界，它忽兒電閃雷鳴，忽兒

狂風怒吼，忽兒烈火熊熊，忽兒洪水滔滔。這一切使他們感到了異常的恐懼和迷惘。他們希望理解這一切事物的究竟。而神話的創立使他們擺脫了這種恐懼感、迷惘感，使他們有了確定感、安全感，有了第一個精神家園。

他們相信每一種力量都是一種神性存在物：宙斯主宰著天空，狄米特管轄著大地，波塞冬統治著海洋；山有山神，水有水神，森林有森林之神……借助於神話，他們解釋了宇宙的起源和神祇的誕生，從而賦予了外部世界一種秩序。正如赫西俄德在《神譜》的開頭所聲言的——

> 我要向你們說明，
> 諸神和大地最初如何問世，
> 諸神如何由河流，
> 波浪滔天和無邊無際的大海，寬廣的上蒼，
> 這些美好事物的賦予者中產生出來。
> 我要向你們說明，
> 諸神如何瓜分他們的財物，
> 又如何分配他們的榮譽。
> 此外，
> 我還要向你們說明，
> 諸神最初是如何擁有
> 層巒疊障的奧林匹斯山。
> 住在奧林匹斯山的
> 繆斯女神啊！
> 所有這一切，
> 從一開始，
> 你就對我講明，

是你告訴我，

誰最先被創造出來。


而且，在神話中，死亡的奧祕轉變成了一種想像；通過這種轉變，死亡不再是一件難以忍受的自然事件，而變得可以忍受、可以理解了。

其次，神話衍生出一切知識，它成了古希臘精神世界的中心和源泉。神話是人給自然命名，賦予自然以意義和秩序的原初活動；它不僅是一種充滿想像力的形象思維，也是一種富有理智的邏輯思維。所以神話思維並不像過去人們常常認為的那樣是一種原始、低級、幼稚的前邏輯思維方式。

列維－布留爾在其死後出版的《雜記》中一改過去的看法，他聲明道──

> 我們必須停止把原始人的思維說成是前邏輯的，因為表現在語官和社會形態中的精神之邏輯結構在任何地方都是一樣的；而且這種思維明白無誤的神話因素，也同樣出現在現代思維中。

不僅如此，神話還成了一切文化形式的中心和發祥地。正如卡西勒在《神話思維》中所說的──

> 一旦我們考慮到文化生存的基本形式之起源於神話意識，神話在這個整體以及對這個整體的重要意義就顯而易見了……語言起源問題與神話起源問題不可分割地交織在一起……同樣，藝術、文學、法律或科學的起源問題也要歸溯到這樣一個階段；那時它們全都寓神神話意識之直

接、無區別的統一體中。

對於哲學家（如柏拉圖、亞里斯多德、普羅提諾等）來說，神話可以作為暗示概念的工具，偉大的藝術家及思想家也已經學會借助於豐富多彩的神話來創造曠世傑作。這正可証實想像力協助理智思維的功效。

最後，神話是人認識自己的仲介。人是通過對象、通過自己的創造物（物質的、精神的）認識自己的；而古希臘人首先是通過神話認識自己的。

卡西勒曾經深刻地指出：「只有人能夠使自身的存在顯現於神的形象裡，他才能領悟和認識自身的存在，正如他只是通過成為工具和產品的創造者才了解其身體和肢體的結構。他從其精神產品——語言、神話及藝術——那裡提取了客觀標準，以此衡量自身，學會把自己理解成一個具有獨特結構規律的獨立性宇宙。」

如果我們對從眾神走向唯一創世神這種精神性活動的整個神話—宗教概念做一番考察的話，我們會發現，人不是簡單地將自己成形的人格轉移給神，或簡單地把自己的情感和意識賦予神的。相反，正是通過神的形象，人才第一次發現這種自我意識。事實上，神之形象的演變——從精靈、人格神到絕對精神體的演變——是與人的自我意識的逐漸成熟有關的。


# 伊索的寓言

寓言的智慧是貫穿人之一生的。從兒童懂事開始，寓言就以其生動、形象而簡潔的智慧打入童心；而其中蘊含的道理可

在人生歷程中一層一層地不斷深入體驗，意味無窮。

古希臘著名的伊索寓言，今天已成為兒童興趣的知識教材。《農夫與蛇》、《龜兔賽跑》、《烏鴉與狐狸》、《狼和小羊》等寓言不但具有吸引兒童的趣味力，而且具有啟示人生的永恆力。因為其中蘊含的一些道理，是人生始終要記取的。

當然，今天的成人已經不會被寓言所吸引。但古希臘時期的人們卻像今日的兒童那樣深深地為寓言所迷醉。有一則希臘傳說中提到：公元前四世紀的政治演說家德馬得斯有一次在雅典城演說，聽眾都不注意聽，他就請大家允許他講一段伊索寓言。聽眾大為贊成。他開始講道：「得墨忒耳同一隻燕子、一條鰻魚一起上路。到了一處河邊，燕子飛走了，鰻魚鑽到水裡去了……」他講到這裡，便不再作聲。聽眾鴉雀無聲地等他講下去。等了一會，見他仍然不說，便忍不住問道：「得墨忒耳怎麼樣了呢？」德馬得斯回答：「她生你們的氣呢！因為你們不關心城邦大事，一心只想聽伊索寓言。」

不單是普通人喜歡寓言，思想家同樣重視寓言。著名的大哲學家蘇格拉底被判死刑後，還在監獄裡把伊索寓言改寫成詩。喜劇大師阿里斯托芬、歷史之父希羅多德都在自己的作品中運用或論及伊索及其寓言。柏拉圖時代的希臘學校，伊索寓言被列入教育內容，並放在突出的地位。人們把沒有鑽研過伊索寓言的人稱作無知和孤陋寡聞者。

由於文化背景的不同，中國古代諸子的寓言，直取人的言行比較多。比如：《守株待兔》、《刻舟求劍》、《鄭人買履》等，並不採用擬人手法，而是直接從人的言行中揭示人生的道理。相反，古希臘的寓言則較多地採用動物的擬人手法來揭示人生的道理。這種不同的特性，除了文化差異外，還有作者的地位和體驗等原因。

由於伊索是一個奴隸，古希臘又多戰事和權力之爭，世事多變的現象對他的影響頗大。要全面反映人間各種複雜的關係，直接用人來描寫就會受到很多政治上的限制，而用動物和擬人手法來隱喻，就方便自由多了。故而在他的寓言中反映這種特定歷史環境下人心叵測、命運變幻、強弱轉化的人生道理面廣、角度多。當然有一長也必有一短，由於用動物的欺壓關係類比階級的壓迫關係，這種寓言的時代性較強，許多表現手法缺乏普遍性，因而不易廣泛流傳。比如《漁夫》一則寓言，內容所指較為深刻——

　　　　漁夫在河裡捕魚。他攔河張網，又用繩子拴了一塊石頭，不停地擊水，嚇唬魚群竄逃，好懵懵懂懂地一頭扎進他的網。那地方有個住戶，看見他這樣做，責怪他把河水攪渾，讓大家喝不上清水。漁夫回答：「若不把河水攪渾，我就得餓死。」

　　這個寓言的本意是用來揭露國家動亂時政客們的手法：寓意一經點明，可使人聯想到許多問題。

　　伊索除了在廣泛流傳、盡人皆知的一些寓言中表述了較為豐富的人生道理外，還有一些寓言則因寓意比較深蘊，不易為兒童理解，故未能廣泛流傳；但細細讀來，卻很發人深省。比如《核桃樹》——

　　　　核桃樹生長在路旁？行人都用石頭打他。核桃樹暗自歎息說：「我真不幸，年年都給自己招來侮辱和苦惱！」

　　這則寓言讓人沈思為何行善的人生卻往往不幸。還有一則

《行人和潤葉樹》的寓言，揭示了人們值得反思的一種切近而無視的偏見——

　　夏天，將至中午的時候，幾個行人曬得很苦，看見一棵潤葉樹，就走過去，躺在樹蔭下休息。他們仰望著潤葉樹，彼此議論說：「這樹不結果子，對人無用。」潤葉樹回答：「忘恩負義的人，你們正在享受我的恩惠，還說我不結果子，對人無用？」

另有一則《鹿和獅子》的寓言揭示了被信任的成了叛逆，而被輕視的成了救星這樣一種世事多變，人心難測的現象——

　　鹿口渴得難受，來到一處泉水邊。它喝水時，望著自己在水裡的影子，看見自己的角長而優美，洋洋得意，但看見自己的腿似乎細而無力，又悶悶不樂。這時一頭獅子來了，它轉身逃跑，把獅子撇下好遠。但到了叢林地帶，它的角被樹枝絆住了，跑不掉，被獅子捉住了。臨死時，鹿對自己說道：「我真倒楣！我原以為會敗壞我的，救了我；我十分信賴的，卻使我喪命。」

此外，《獅子和狐狸》的寓言具有一語之妙——

　　狐狸譏笑母獅每胎只生一子。母獅回答：「然而，是一頭獅子！」

同樣，《狼和小山羊》的寓言，妙在結論的語言藝術——

小山羊站在屋頂上？看見狼從下邊經過，便辱罵它，嘲笑它。狼說：「罵我的不是你，而是地勢。」

在《狗和廚師》的寓言中，伊索將有形世界與無形世界奇妙的價值轉換關係三言兩語地暗示了，其寓意之深刻，令人回味無窮——

狗鑽進廚房，趁廚師忙亂之際，偷了一個心，逃走了。廚師一回頭，看見狗逃跑了，便說道：「畜生，無論你到哪裡，我都會提防著你；你不是從我這裡偷走了一個心，而是給了我一個心。」

《伊索寓言》是古希臘智慧中一份寶貴的遺產。它在歐美的影響當然比在中國的影響大，這是文化繼承性的原因。《伊索寓言》不但在古希臘當時受到各思想家的重視，同樣也受到近現代思想家的重視。莎士比亞的作品中使用了《伊索寓言》的故事。法國的拉・封丹、德國的萊辛、俄國的克雷洛夫等寓言作家的作品中，都有相當一部分寓言的情節取自《伊索寓言》。在現代人的作品中也常可以看到《伊索寓言》的內容。

# 飲酒談天會

人文知識的增長，往往得助於人的空閒。整日奔波於市井之中，操勞於鍋台之側的俗人肯定不可能產生像古希臘那樣清明的思想、簡潔的文體。

在柏拉圖的《會飲篇》中，我們可以看見古希臘的一群哲

人、文士斜躺在臥榻上，一邊品著美酒，嘗著鮮果，聽著樂伎彈奏音樂，一邊海闊天空地說說笑笑。他們已養成了談天說地的藝術，所以他們的思想能夠如此清澈、文體能夠如此簡潔；這與現代哲學論著的晦澀恰成一種鮮明的對比。

柏拉圖的《斐德若篇》對於希臘人好談天的慾望，以及聆聽別人談天的興趣作了一番精彩的描寫——

　　蘇格拉底：啊，斐德若，若是我不懂得你，我就不懂得我自己。可是我懂得我自己，也說懂得你。我知道得很清楚，你聽過萊什阿斯讀他的文章，覺得聽一遍還不夠，要求他讀而又讀，而且他也很樂意接受你的要求。後來讀得不能再讀了，你還是不滿足，把那篇文章從他的手裡要過來，好把你心愛的那些段落看而又看；這樣就費了你一上午的工夫。坐久了，疲倦了，你才出去散散步。可是那篇文章從頭到尾你都記得爛熟了，若是它不太長的話。你現在是要到城牆外找一個地方，一個人把它再細加研究。在半路上，你遇見我這樣一個人，也有愛聽人讀文章的毛病，你就很高興，以為找到了一個人，可以一同咀嚼這篇文章的滋味，大大快樂一場。所以你就邀我陪你一道往前走。可是到了這些愛聽文章的要你開始念，你卻扭扭捏捏，好像不大願意。其實你心裡正想有人聽你頌讀；縱然找不到人願意聽，你也要強迫他聽。得了吧，斐德若！遲早你是要說的，就快點說吧！

對於談天的場合，希臘人也頗為講究，既有像上面所描繪的三、五人斜躺在臥榻上，邊飲邊談，也有在野外找個環境優雅之處閒聊的。聽一聽蘇格拉底是如何形容斐德若所找的談天

場所的——

> 哈，我的天后娘娘，這真是休息的好地方！這棵榆樹真高大，還有一棵貞椒，枝葉蔥蔥，下面真陰涼，而且花開得正盛，香得很。榆樹下這條泉水也難得，它多清涼，腳踩下去就知道。從這些神像、神龕看來，這一定是什麼仙女、河神的聖地喲！再看，這裡的空氣也新鮮無比，真可愛。夏天的清脆聲音，應和著蟬的交響。但是最妙的還是這塊青草地，它形成一個平平的斜坡，天造地設地讓頭舒舒服服地枕在上面。斐德若，你真是一個頂好的嚮導。

在這樣的氛圍下，哲學和詩意融和在一起，產生了西方第一位偉大的詩人哲學家——柏拉圖。柏拉圖的哲學著作實際上是用詩寫成的對話集。他並不像現代哲學家喜歡用晦澀難解的論述唬人，而是用清新活潑的散文詩體談論哲學、人生和藝術等問題，個中還往往插有談天者的趣事。如《會飲篇》中所描繪的：會飲的氣氛既嚴肅緊張，又活潑輕快。有人想灌醉蘇格拉底，但他卻若無其事地將滿滿一瓶酒一飲而盡，然後一邊一杯接著一杯，一邊侃侃而談，一直談到除了阿里斯托芬和阿伽通之外，其餘的人要嘛走了，要嘛進入了夢鄉。後來連那兩人也相繼睡去，只剩下他獨自一人，方起身離開宴席，到利賽宮去洗一個澡。於是又精神煥發，照平時一樣度過那一天，到晚間才回家休息。

到了二十世紀末葉的今天，無論西方還是東方，很難找到那麼悠哉游哉的學問之道。在「現代化」和「後現代化」的滾滾車輪驅動下，一切似乎都變得匆忙起來；只有匆忙，似乎才顯示出你活得豐富、充實、夠意思，要不然就會有一種孤獨

· 柏拉圖會飲

感、游離感、空虛感。而文化必須是「小品」、「快餐」才會有時間去「製作」，才會有人來「消費」。與古人相比，不知道現代學人應該感到快慰，還是悲哀。

# Chapter 10
# 新世界的雛形

　　如果古希臘人從地底下鑽出來，看到現代世界的科學奇蹟，一定會驚得目瞪口呆。科學創造了一個比他們在神話裡想像的更為出奇而驚人的世界。他們怎麼也不會相信，這個人造的新世界的雛形，就是從他們的科學智慧開始的。

　　在東方世界的中國，古代的科學技術發展成果並不亞於古希臘，甚至有過之而無不及。但是一直延續至今的中華民族，卻並沒有在近代出現科學的奇蹟，而未能延續下來的古希臘民族，卻把他們的科學思想種子一直播撒在西方文化的土壤中，終於在近代結出了豐碩的果實，變成了巨大的力量。這不是因為古希臘人有勝過東方民族的智慧魔力，而是因為古希臘人的科學智慧與中國古代的科學智慧在思想方法上有一點區別。就好像物種生理功能或遺傳基因上的一點微小區別，本來並無高低優劣之分，但在外界環境的篩選、影響之下，發生了大的變異，造成結果上的天差地別一樣。

　　細細品味古希臘科學智慧中蘊涵的這種成為現代新世界雛形的思維方式之特點，是饒有興味的。

# 淺入深出

古希臘智慧的一個最大特點就是：探尋世界最終的本質，由此產生了西方本體論的哲學發展。從泰勒斯的水、赫拉克利特的火、阿那克薩哥拉的種子到德謨克利特的原子，人們對世界最終本質的認識層層深入，企圖通過深入世界的本質來解釋世界萬象。這是一條深入淺出的認識途徑。這條認識途徑，開發了人類深奧無盡的哲學天地。

不過，人類認識世界的道路也像樹木的生長一樣，在一根主幹上會分出不同的分枝，或像兩條腿走路一般，交替發展。在古希臘還出現了一種與上述認識途徑不同的認識途徑，正好與上述深入淺出的途徑相反，這就是亞里斯多德的「第一因果理論」。

從認識知識的一般規律說，人們如果還沒有把握住一件事物產生或結束的原因，就不會認為自己已經認識了這件事物。但事物的絕對原因是沒有底的，比如父親是兒子產生的原因，可是父親並不是最終的原因，父親還有父親，父親的父親還有父親，一直可以無限地往前推。亞里斯多德認為，這種追根究柢的思維方式，對於鍛鍊哲學的思維來說是可以的，但對於人們認識大量現實生活中的事物來說會弄得一團糟。因此亞里斯多德認為，與其無窮無盡地去追求原因後面的原因，不如確定第一因為原因。這樣，父親是兒子出生的原因，開花是結果的原因，飢餓是飲食的原因，等等，世間的事物和因果關係就變得簡捷清晰了。

看來，亞里斯多德的這一觀點絲毫沒有什麼深刻之處，而且是在取消追根究柢的深刻思想方法，讓人們恢復到最平常、最初淺的認識上。那麼，這種認識究竟有什麼作用呢？

在人們億萬次使用的平常觀點中，亞里斯多德發現了一條新的認識道路，這就是科學研究的道路。科學研究的思路與哲學研究的思路是不一樣的：哲學的思路是一種不斷揚棄的推理，也就是說它的目的在於尋求事物的本質。為此，必須將事物各個發展階段的現象排除掉，留下一種抽象的規律以便於往下推理。而科學的思路是一種實証的推理，也就是說它的目的在於揭示事物發展的每一階段的規律，為此，必須詳細占有事物各個發展階段的材料，掌握每一種變化的原因。正因為這種差別，哲學常常可以超越事物發展的實際進程，憑邏輯的推理，一下子預測到遙遠的將來，而科學則要經歷漫長的發展歷程才能証明哲學預見的合理性。

比如古希臘哲學家德謨克利特憑「虛實關係」的推理提出原子和虛空是物質世界存在之基本形式的結論；而科學的証明則經歷了二千多年，直到十九世紀，才由澳大利亞物理學家盧瑟福根據實驗分析，提出了小太陽系的原子模型。

這種規律還帶出了另外一種歷史現象，那就是當古希臘科學還不很發達的時候，自然科學的許多領域都是由哲學占領的；等到後來科學一點一點發展、成熟起來後，哲學就從這些領域中紛紛退了出來，最後退到了思維和邏輯本身中，幾乎失去一切外在有形態的領域。

由此可見，亞里斯多德提出的第一因的認識方法，剛開始似乎很淺，結果將整個世界深刻的科學內容揭示了出來。這正是令人震驚的「淺入深出」的認識道路。

當然，第一因的認識方法並不直接就是科學的方法，它也是一種哲學認識，只不過是從古希臘終極本質的哲學認識方法中分離出來的一種可以轉向科學的哲學方法，這種方法與具體的科學分類方法結合，就產生了科學的研究方法。亞里斯多德

僅僅分出了五十種科學研究領域，而科學發展至今天，已大大超出了這個數字。第一因的認識觀點與今天的整個科學成就相比，猶如單細胞比生物群，一滴水比大海洋，顯得渺小、簡單，但作為人類大智慧的起源，又是令人肅然起敬的。

此外，第一因的認識方法是日常生活中非常重要的方法。政治和法律的效力，很多建立在第一因的方法上。雨果在《九三年》一書中描寫了政治家、軍事家朗德納克在一次海戰中因一名士兵失責而使大炮脫位，造成風險，又是這名士兵英勇搶救，使大炮復位，排除了危險。為公正處理這兩件事，他先獎給他一枚勛章，然後把他判處死刑。這是政治手段中極具典型的賞罰分明原則，這個原則是嚴格遵循第一因方法的。法律也以直接因果為判定依據。

還有在許多複雜情況下的應變和權宜之計，都需要按第一因的方法處理。因為第一因是最具說服力，最便於確認的事實，它在人們的經驗習慣中自然獲証，無須任何邏輯和思維的推理，因而不易被推翻，使人有腳踏實地的感覺。

亞里斯多德為我們開闢的這條「淺入深出」的認識道路，不僅為人類各種科學領域的發展奠定了基礎，同時對人類認識道路的奧祕提供了間接的啟示。人類的自然感覺往往把身邊的事物當作是了解的事物，而把遙遠的事物看作是不了解的事物。正是這種感覺，人們常常把遙遠的知識當作深刻的知識，而把眼前的知識當作粗淺的知識。這樣人們總是忽視眼前一般的現象，追求遙遠虛幻的本質。其實人們看遍了世界，最終還是要了解自己才算達到頂峰。而這種自我本質的了解，恰恰是在表面淺近的平常事件中獲得的。人類的認識正是由「深入淺出」和「淺入深出」構成的循環。

# 思維的祕縫

偉人們曾經說過，在古希臘豐富的思想寶庫中可以找到以後各種思想觀點的胚胎和萌芽。而思想的萌芽也像植物的萌芽，有的一開始就處在適當的氣候中，成長迅速，枝葉蕨義，有的卻處在休眠狀態，等候生長的時機。

在古希臘的智慧中，當本體論哲學作為整個希臘的主流發展時，散見在智者派辯術中的邏輯悖論（或叫語言矛盾）仍然頑強地存在著。到了近代和現代，當作為主流的本體論哲學逐步走向尾聲時，古希臘時期非主流的邏輯悖論卻以一種新的生命衝力，改變了整個西方文化的發展走向。數理邏輯中的集合悖論，物理學中的量子悖論，語言哲學中的邏輯悖論，開拓了西方現代科學和哲學的新領域。而古希臘時代的悖論卻像一條思維的祕縫，穎慧之人能感覺其中隱藏著深奧的智慧，卻又無法鑽入其中發現它的價值，只能作為一種辯術中的遊戲；而無知之人則根本不注意這條縫隙，把它看作不值一駁的詭辯和乾燥無味的玩笑，拋在一邊，不加理睬，因而悖論在古希臘並沒有登上哲學的正殿。

希臘的智者往往從「真的東西應當不自相矛盾」的原則出發，提出一些問題，要人們做簡單的回答。這樣就產生了「邏輯悖論」。

譬如有一個叫「說謊者悖論」。問題是：如果一個人承認自己在說謊，那麼他是在說謊還是在說真話？如果簡單回答是與否，都會陷入矛盾。說是，因為他承認自己在說謊，這便是沒有說謊；說否，則他自己也承認在說謊，因此他既說謊，又不說謊。這是一個不能簡單回答的問題。

又一個例子是，有人問梅內德謨，他是否已經停止打他的

父親了？人們想使他陷入困境，不管他的回答是「否」還是「是」，都逃脫不了打父親的罪名。如說是，則承認曾經打過；如說不是，則還在打父親。梅內德謨不能簡單回答，只能說我既沒有打過他，也不存在停止打他的問題。

這種問題後來也不斷重演。有一則「過橋悖論」是這樣的：巴拉塔里亞島的總督桑差坐堂問案時，遇到了一件麻煩事。在這位總督的轄境內有一座橋，是一個富人為了旅客的便利而建造的；不過橋旁豎立了一座絞架，行人必須滿足一個條件，才允許通過此橋。這個條件是：旅客必須說出他真正要到哪裡去。如果他說了謊，就必須放在絞架上吊死。後來有一個人來到橋上，在回答上哪裡去時說，他上這裡來是為了在絞架上吊死。守橋的人對這個回答大大地困惑了。因為把他吊死，那他就是說了真話，應該放他走；如果放他走了，那他就是說了假話，應該吊死他。他們無法解決，只能請總督明斷。總督說出了一句聰明話：在如此疑難的情況下，應該採取最溫和的處置，所以，應當放他走。

還有所謂「理髮師悖論」。一個理髮師聲稱，凡是不給自己理髮的人，我都給他理髮。結果他自己變得不能理髮了。因為他如果給自己理髮，違反前面一個約定，按推理，他不能給自己理髮；如果他不給自己理髮，符合前面一個約定，他又必須給自己理髮。

這些語言遊戲表面看起來確實沒什麼意思，它只是把矛盾設置在問題中，將回答者逼入困境，而矛盾只是荒唐可笑的代名詞。這裡的矛盾含義，從翻譯的角度，與中國古代矛盾寓言故事中的原本含義是完全一致的，它不是後來辯証法意義中作為規定事物本質構成的矛盾含義。早期的矛盾是作為無意義的語言悖論被玩耍、棄置的。

這種玩耍的語言遊戲還有涉及量變質變、關係的「禿頭論」和「穀堆論」。問：少一根頭髮能否算禿子？答：不能。一直往下問，少到第幾根頭髮算是禿子？一粒穀子算不算穀堆？增加到第幾粒時算穀堆？還有「偷換概念」的語言遊戲。

一個滑稽的手工匠對亞里斯多德說：「你有一條狗，它是有兒女的；因此這條狗是父親。因此你有一個父親，它的兒女是狗；因此你本身是那些狗的一個兄弟，並且本身是一條狗。」由於每一個名詞作為具體所指是依附事實的，而作為抽象的共相是獨立自存的，因而說話者每句話中引出的謂詞開始依事實而出，是作為具體所指，一旦成立，就將它作為一個獨立自存的名詞共相往下推理，詞意的邏輯悖論在每個謂詞成立的同時即由具體向一般發生了轉化。因此，那位古希臘最博學並創造形式邏輯的哲學大師亞里斯多德也花了很大的力氣才清除了這一語言中的混亂。

語言的邏輯中隱藏著深深的奧妙，但古希臘的智者僅僅找到了一條縫隙，在當時的科學和思維水平下已無法再拓開這條縫隙，進入語言分析的新世界了。這種分析的進展，直到康德將認識與世界分裂為二元論，整個西方哲學傾注於從感性經驗、科學理性和語言邏輯的深究細析中去再現世界存在之奧祕時，古希臘曾經提供了縫隙的思維，才被徹底打開，哲學得以走進一個新的語言分析世界。

西方歷史的這種發展也不是這麼簡單的，其中還有古希臘傳統特有的思維方式在起著決定作用。因為古希臘智者的這種語言悖論，在中國古代也有過發展，如關於矛與盾的寓言，有飛鳥不動、白馬非馬之辯，也有莊子與惠王的觀魚辯。莊子與惠王遊於濠梁之上。莊子曰；「鯈魚出遊從容，是魚之樂也。」惠王曰：「子非魚，安知魚之樂？」莊子曰：「子非

我，安知我不知魚之樂？」這裡同樣揭示了概念或名詞中潛藏著的邏輯轉換關係。但中國傳統思維或者當作謬誤拋棄不究，或者以巧妙的同意之反擊方式來迴避，讓人陶醉在詩意的自得其樂中，沒有西方那種強烈的分析興趣和傳統。故而這一思維之縫的價值未在中國被拓開，而在西方被拓開，這是由文化傳統決定的。

在古希臘作為語言遊戲的悖論智慧，經過近現代的拓展，已成為對人類極為重要的思維方法。人們發現，悖論往往是一個領域向更深刻的層次或領域轉化的橋樑或關口。羅素提出了「集合論悖論」後，推翻了整個數學形式邏輯的絕對性大廈。大數學家希爾伯特為挽救這座傳統的數學大廈，花了畢生精力，但無濟於事。最後，偉大的數學家歌德爾從悖論中証明了一個新定理，就是對現代各個科學領域都有重大指導意義的「形式系統的不完備定理」。

這個定理揭示了一切事物進化發展中一個極為重要的規律，這就是任何結構的形式，無論其表面上有多麼完美無缺，只要它具有生命力和發展趨勢，內部就一定蘊藏著某種不完備性或不均衡態。人們發現螞蟻的遺傳基因鏈是完備的，因而它們一代一代沒有進化和發展。而人類的遺傳基因鏈是不完備的，因而不斷呈現出進化和發展。同樣，在許多科學的創造中，思維的靈感往往伴隨這種不完備性而產生創造。當物理學中發現了同一個基本粒子，既呈現波又呈現粒子這種不可想像的悖論現象時，整個物理學的思維方式就突破了牛頓經典的理論，而開拓了現代物理學的新思維。

悖論，作為一種智慧的思維，雖然在現代社會已經發生了巨大的作用，但人們往往對它很陌生，這是什麼原因呢？

其一，悖論的智慧形式比較深刻，它的合理性常常潛隱得

很深。

其二，現代悖論的智慧不是以自己的形式直接顯現價值，而是作為某種科學發展中的催化劑，它發生了作用，但自己沒有結果，結果是別的成分。

其三，悖論是一種反常規的思維，人們按正常的思維推理，可以積累某種成果，但是悖論讓這種正常推理陷入死亡。人們總是喜歡永生，而不願死亡。但是從歷史的合理性來看，如果只是永生，必然腐朽不堪；死亡對歷史發展的意義同樣是深刻的，只有死亡，才有新生。

對於悖論的這種智慧，在古希臘是比較自然流露的，特別是在古希臘的辯術中，悖論常常是逼迫對方陷入兩難困境的最妙手段，哲學家通過辯術的引導，將對方的理論引入自相矛盾，於是對方否定了自己的理論，只能接受哲學家希望他們接受的理論。這種手法，實際上也是運用悖論的智慧，只是因為它兜了一個大圈子，不像本文前述的那些悖論在一句話中顯現出來那麼明顯、刺目。人們能夠接受兜圈子的悖論，承認它的價值，卻難以接受直接顯現的悖論，這是人性中的生命效應。就好像人生總要死，兜了一大圈的生而死，人們承認其中的合理性是因為見到了生活的價值；直接的生而死，人們不能接受，因為似乎沒能體現價值，但這並不能抹煞它的智慧。一位英國大詩人對自己一位剛出生就死去的孩子，說了這麼一句幽默的話：「呀，我的小寶貝！你知道人生的苦難，因而一出生就死去。為了免受苦難，你真是聰明絕頂！」

# 沐浴的靈感

　　靈感，是人類智慧中至今顯露神祕色彩的思想寶庫，它像一個取之無盡的聚寶盆，科學家不斷從中探索出大自然一個又一個奇蹟，為人類服務。

　　科學的靈感當然是一種智慧的閃現，但它不像政治、軍事、哲學、藝術的智慧以悲壯雄渾的人類實踐、邏輯機敏的語言藝術顯露在人們的眼前，而是隱伏在科學家默默的思索和平常的生活細節中。從千百萬人無數次接觸的平常瑣事中，科學家突然迸發出造福人類的永恆價值之科學靈感，這就更增添了這種智慧不平常的光輝。近代史上有一個蘋果掉在頭上激發出萬有引力定律的「牛頓的靈感」，而在古希臘則有著名的「阿基米德沐浴的靈感」，創立了「浮力定律」。

　　阿基米德是古希臘後期，多洛梅王朝一位著名的天文、物理和數學家。他原來是西西里的希拉加斯城一位非官方的自由科學家，由於他發明了「螺旋和槓桿的技術原理」，一位將軍利用他這一原理，一個人把一艘大船從岸上移到水裡，顯示了神力而驚動了整個希臘，使阿基米德成為古希臘一位智慧的偶像。加上他自己對「槓桿原理」做了這樣的誇耀：「如果你給我一個支點，我就可以移動整個地球。」他就更加變得神奇起來。後來他又發明了一種防禦機，在戰爭中起了很大的威力。因此，國王把他和他的科學家朋友們召進了博物館，以國家的錢來資助他們搞科學研究，提供他們圖書和實驗室。這樣，他們在古希臘就成為最有成就的科學團體。

　　相傳有一次，國王叫金匠做了一個非常漂亮而手藝獨特的王冠。國王對王冠十分滿意，卻對王冠中金子的成分產生了懷疑。但當時誰都沒有辦法既不損壞王冠又能夠查出王冠中是否

摻有白銀。

　　這個難題於是落到阿基米德的身上。傳說國王對阿基米德做了特別的許願，答應阿基米德，只要不損壞王冠，查出金銀成分，可以向國王提出一個賞賜的要求。

　　阿基米德接受王命後整天整夜思考，但一直沒有頭緒。一天在洗澡時，當他坐進澡盆，洗澡水溢出盆外，使他突然觸發了靈感，想到每種不同的物體由於內在結構的不同，同樣的體積時，重量卻不同，而重量相同，必定體積不同。這樣，當同樣重量的金銀放到水中時，排出水的分量也就不同。這就是阿基米德的「浮力定律」。

　　當時阿基米德異常興奮，為國王做了實驗，証明並計算出王冠中所摻白銀的數量。

　　談到阿基米德的浮力定律，我們很容易聯想到中國古代三國時期曹操的兒子曹沖稱象的故事。當時外國送給曹操一頭大象，曹操想稱出大象的重量，大臣們都想不出好辦法。曹操七歲的兒子曹沖想出了辦法：讓象上船，看船舷的吃水線，然後用石塊代替，與吃水線對齊時，稱出石塊的總量，便是大象的重量。這個辦法同樣是利用浮力定理。

　　那麼我們是否有權利憑中國七歲兒童的智慧而輕視阿基米德這一靈感的智慧呢？沒有這個權利。應該肯定曹沖的智慧是非常的，但曹沖的稱象與阿基米德的王冠實驗在性質上是有區別的。

　　首先，稱象只涉及物體的重量，沒涉及體積與重量關係中的相關規律；其次，稱象只停留在直觀感性的具體事件上，沒有抽繹出一般性的科學原理。而阿基米德的浮力定律則從經驗上升到一般原理，並且將體積與重量的關係作為理論抽象的內容，使之成為具有普遍實用的科學原理。這種差別也是中西文

化差異的一個特徵。中國文化中智慧的靈感常常在感性事物的體驗中閃現，又伴隨具體事物的消失而消失，成為一種悟性，只能領會，不能言傳。而西方的智慧注重建立理論的普遍原則，因此容易傳導。

當然，阿基米德的浮力定律遠不如牛頓的萬有引力定律深刻，在今人的眼裡看來，似乎十分平常。但這些並不影響其靈感所具有的智慧。因為靈感的智慧不是靠結果的深淺衡量，而是靠它本身屬於「第一次」的性質所規定。人類的智慧在結果中是不斷積澱的，每一代人總是在前一代人的肩膀上去看新世界。結果的深淺是有歷史因素摻入的，而第一次靈感的發現則沒有深淺可判別，它本身是純粹的智慧。

歷史上發現美洲大陸的哥倫布，在回到祖國後，國王把他待為上賓。一些大臣內心不服，認為這種事情正好給哥倫布遇上，並不是他本人的偉大。哥倫布在宴會上隨手拿起一個熟雞蛋，問誰有本領將它豎起來立在桌上。大臣們一個個試過都不行。當雞蛋重新回到哥倫布手中時，他在豎的一頭往桌上輕輕一敲，很容易就將蛋豎在桌上。大臣們都不服氣地大嚷起來。哥倫布說：「確實，這個本事沒有什麼了不起，你們誰都會，但問題在於是我第一個發現這個辦法。」大臣們聽懂了他話中所指的另一番含義，都啞口無言了。

阿基米德的發現，在古希臘時代無疑是一個奇蹟。國王兌現諾言，讓阿基米德自己提出一個賞賜的要求。據說阿基米德讓國王在一個六十四格的棋盤上按照下列規則放上大米：第一格放一粒，後面每一格是前面一格的倍數，即第二格二粒，第三格四粒，以此類推，放滿六十四格。國王當時一聽，認為阿基米德提出的賞賜要求太低了，便欣然同意，叫人去辦。但結果國王上了一個大當，因為國王根本拿不出這麼多的大米，它

是一個驚人的天文數字，大約要幾千億噸。

這個結論如果沒有親自計算過的人，憑經驗的直觀和想像，也總是不會相信的。如果現代人有興趣，可以用電子計算機算算，並數一數一克米的粒數，看看答案會是多少。體驗一下數學計算和經驗判斷之間的差距。

古希臘科學家當時熱衷的這些像遊戲一般的智慧有一種流傳至今的特殊魅力。阿基米德出給國王的是一個比較簡單的數列。這個數列有一個迅速擴張的特點。此外還有各種各樣的數列。今天令數學界最感神奇的數列就是「素數（也稱質數）數列」，它是只能被1和自身整除的數，如2、3、5、7、11、13、17、19、23、29、31……所有的數列都有規律，因而可以用一個公式求出，唯獨這個素數數列找不到它的規律，無法用公式計算。因此，當數學家要求証兩個素數之和必定是一個偶數時，便發生了天大的困難，這就是數論王冠上的明珠——哥德巴赫猜想。

我們今天並不知道証明「哥德巴赫猜想」有什麼實用的價值，但它本身就是一種智慧的象徵。而這種純粹的智慧，從古希臘就開始留傳給我們了。


# 科學智慧的種子

現代學者在反顧東西方悠久的文化傳統時，曾對東方擅長人倫之理，西方發展科學理性的特點進行了深入的思考。他們發現，根源之一便是中國古老的「整體性思維」和希臘古老的「分析型思維」的差別，在兩種文化的發展中起了主導作用。

當然，要從數學家洋洋灑灑的觀點著述中去一一比較和細

細理清這兩種思維方式的差異是一件吃力和繁瑣的工作。事實上，在古希臘學者中，有一名學者的智慧之說，就很有典型的說明意義。這個學者就是希臘雅典最興盛的伯里克利時代的阿那克薩哥拉。他有一個著名的觀點，就是「萬物都由最基本的種子組成」。

「種子說」是他對世界的根本觀點。有趣的是，這種觀點的結論形式倒並沒有真正成為後來西方理論的種子，而他蘊藏在種子中的思維方法，倒真正成了後來西方科學分析思維方法的種子和萌芽。將他的「種子思維方法」與中國傳統的「宇宙自然觀」相比較，就能清楚地看到兩種文化之間思維方式的差異。

在中國古代，對天地生成的一個有名的觀點是道家的理論。《老子》第四十二章中有這樣的說法：「道生一，一生二，二生三，三生萬物。萬物負陰而抱陽，沖氣以為和。」那麼道是怎麼形成的呢？二十五章中說：「有物混成，先天地生。寂兮寥兮，獨立不改，周行而不殆，可以為天下母。」從這個觀點，我們可以看到，中國古代的自然觀不是從微觀中去尋找構成的成分，而是從宏觀中去尋找一個母體。也就是說，是從大到小。既然這個大是包容天地萬物的，則勢必無法看清，無法言說，是神祕混沌的。故《老子》一開始就是：「道可道，非常道；名可名，非常名。無名天地之始；有名萬物之母。故常無欲，以觀其妙；常有欲，以觀其徼。此兩者同出而異名，同謂之玄。玄之又玄，眾妙之門。」由此可見，中國神祕而混沌的文化傳統是同「從大到小」的世界形成之思維方式有直接聯繫的。

同樣，西方的文化特徵也是與西方的思維方式相聯的，這就是他們「由小到大」的世界形成觀。阿那克薩哥拉就是西方最早提出這種思維方式的學者。他認為：「在一切複合的事物

中，包含著多數的、多方面的質料和萬物的『種子』，這些種子具有各種形式、顏色和氣味。人就是這樣組合起來的，一切具有一個靈魂的生物也是這樣組合起來的。」那麼，物質性的種子怎樣構成世界上的萬事萬物呢？他是這樣解釋的：種子的性質是多種多樣的，每一種性質的種子數量又是無限多的。有的事物由性質相同的許多細小的種子結合而成，比如一塊純度很高的黃金就是由許許多多具有黃金性質的種子結合而成的。但是，更多的事物則由多種不同性質的種子結合而成。比如一個水果，又有水分，又有顏色，又有味道，還有肉質等等，說明組成水果的種子是性質不同的幾種種子。

對於這種從未聽見過的新見解，古希臘人是會追根尋源地問下去的。有人問阿那克薩哥拉：「我們看見的是黃金或水果，你說的這種非常細小的種子我們從來沒有見過，你怎麼知道它們是存在的呢？」

阿那克薩哥拉回答：「種子雖然無法被我們看見，但要証明它們存在並不難。比如，人吃進去的是麵包，但吃了麵包以後，人卻長出了頭髮、血液、肌肉、骨骼、指甲等等東西。這就說明，麵包原來就是由頭髮、血、肉、骨、指甲等不同性質的種子組成的。人吃進麵包以後，通過消化，麵包裡頭髮的種子到頭髮上去了，血的種子到血裡去了，其他也各找同類。結果，人吃的是麵包，身體的各部分器官都能生長起來。」

又有人進一步問：「既然事物由許多種子結合而成，那為什麼又各不相同，人們能夠清楚地區分出麵包、蔬菜等等呢？」

阿那克薩哥拉回答：「雖然事物是由很多種子結合而成，但在每一件事物中又都有一種性質的種子占優勢，事物的性質就是由這種占優勢的種子決定的。由於占優勢的種子不同，所以不同的事物也就區別開來了。」

從今天的科學認識水平看來，這種解釋的結論是顯得幼稚而沒有價值了；但是從其中的分析方法來看，卻包含了後來西方自然科學發展的主要形式。我們知道，在近代化學中，用以解釋物質構成的分子理論，正是與阿那克薩哥拉的分析方法一樣的思路。分子理論是：物質中能夠獨立存在並保持該物質一切化學特性的最小微粒。單質的分子是由相同元素的原子所組成，化合物的分子則由不同元素的原子所組成。

如果我們仔細分析阿那克薩哥拉解釋種子在人吃進麵包後怎樣在身體中重新組合成各種不同機體成分的思想方法，就可以發現其中蘊藏著深遠的科學智慧。因為這個解釋實際上提出了一個問題：生命體內是什麼因素決定了這種不同「種子」的重新組合呢？這個問題所規定下來的思維方式，引導了西方科學向微觀領域的深入發展。如在生物化學中出現了今天的基因學說，它是科學家發現的細胞內具有自體繁殖能力的遺傳單位。現代分子遺傳學則進一步揭開了它的組成成分的奧祕和遺傳信息的功能。在物理學方面，與後來古希臘德謨克利特的「原子說」具有同樣的思維方式，推動了現代物理學由原子向基本粒子的深層推進。

因此說，阿那克薩哥拉的「種子說」真像一顆種子，它對後來植物的遺傳影響並不在於它原先的顆粒形式，而在於其內部的生命力；種子說的價值並不在於其理論的結論形式，而在於其理論的內在智慧。

智慧不像一種貨幣，可以隨手拿來使用。智慧是一種精神的活力，需要心靈的感應和理解。黑格爾曾說過這樣的話：「過去的偉人只有在今天的偉人活著時，他們才活著。」這個意思就是說：偉人的思想只有同樣是偉人的智慧才能去理解和感應；沒有理解和感應，就無法理解前人的偉大，因而也就等

於不存在這種偉大。面對兩千多年前古希臘人的智慧，我們同樣需要有現代的智慧。

# 人體中的宇宙

現代自然科學和人文科學發展的一個共同趨勢，就是向「人」匯攏。人是一個無窮無盡的世界，它可以容納一切科學在其中做無限的探索。人類對自身奧祕的這種認識，當然是伴隨著現代科學的高度發展才能達到的全新水平。但是，這種認識的智慧之源都是早在古代就已湧現的：在中國古代有「天人相應」和「陰陽五行」比符；在古希臘則有「人體宇宙」及「四根血質」的醫學和哲學理論。

古希臘西西里島阿格里根特的民主派首領恩培多克勒首先對醫學和生物進化提出了自己的見解，其中一個最有價值的觀點就是「適者生存」的進化理論。雖然他具體的表述有很多臆想的成分，但這種觀點卻顯示了他的智慧。而他的這種智慧是靠「四根」的理論來分析表述的。他的四根理論就是把宇宙萬物都說成是由火、水、土、氣四種元素生成的。這種元素怎麼結合？怎麼演變轉化呢？這是靠愛和憎兩種力量。

在中國，五行之說最初是周武王向殷貴族箕子請教治國方針時，箕子講到大禹治水成敗的關鍵因素是水、火、金、木、土五個方面。以後，逐漸引伸到節氣、天地人的組合之中，用陰陽相貫通連接。最後進入人體醫學，將金、木、水、火、土分別對應於人體內的肺、肝、腎、心、脾。根據木生火、火生土、土生金、金生水、水生木的相生循環，提出肝生心、心生脾、脾生肺、肺生腎、腎生肝的生理健康循環關係；根據水剋

火、火剋金、金剋木、木剋土、土剋水的相剋關係，提出腎制約心、心制約肺、肺制約肝、肝制約脾、脾制約腎的關係，從而得出了中醫療法中抑強扶弱、平衡陰陽的病理原理。

而古希臘醫學之父希波克拉底將恩培多克勒的四根說運用於醫道，提出了「四體液學說」，認為人體由血液、黏液、黃膽汁、黑膽汁四種體液組成。四種體液調和，人體就健康；四種體液比例失調，人體就罹患各種疾病。

但中國的五行相生相剋原理，在中醫理論中得到不斷的運用和發展，而西方的四體液說在西方醫學理論中卻沒有得到發展。這就是兩種文化的差別。中國是神祕文化，缺乏科學實証，因而它的合理性不會受到外在新形式的否定。而西方科學文化則不斷探索深層的結構，因此，當新的、更細緻的科學實証理論出現後，便將原來的理論取代了；而更新的理論不久又會將現在的新理論也取而代之。

古希臘「體液質」理論帶有早期神祕主義的色彩，因而在現代西醫理論中不再運用。不過，在社會心理的分析中，卻被用來說明一些同樣帶有神祕色彩的心理氣質現象。如今天社會心理中的氣質分析，沿用了古希臘「體液質」的說法，將人的氣質分為四種類型——

1.多血質：生動、靈活，傾向於經常變換的印象，對周圍事物反應迅速，比較容易體驗失敗和不快的人；即性情活躍、動作靈敏的人。

2.黏液質：遲緩、安靜、情緒穩定，精神狀態的外部表現不足的人；即性情沈靜、動作遲緩的人。

3.膽汁質：迅速、突發，能以極高的熱情從事工作，但不平衡，傾向於暴風雨般的情緒爆發，心境變化劇烈

的人；即情緒暴躁、動作迅猛的人。

4. 抑鬱質：易受傷害，傾向於深刻地體驗那些甚至是察覺不出的事件，可是對周圍事物的外部反應遲鈍的人；即性情脆弱、動作遲鈍的人。

在古代，關於人體研究，最有智慧色彩的便是人體中的宇宙觀。這一點，中西文化的狀況又正好相反。在中國，將人與天地類比的思想由於不實用，因而並沒有留下重大的影響。《黃帝內經》中有「天圓地方，人頭圓足，方以應之。天有明，人有兩目。地有九州，人有九竅。天有風雨，人有喜怒。天有雷電，人有聲音。天有四時，人有四肢。歲有十二月，人有十二節。」等等。這些理論儘管給後人以啟發，發展出中國特有的天人相應的人體和醫學理論，但在不崇尚理論分析的中國傳統文化中，卻不容易憑自己的邏輯力量發展起來。

相反，古希臘畢達哥拉斯學派並不是從具體形狀上對應人與宇宙自然，而是從數的和諧關係上來作類比。由於和諧不受具體形狀的阻礙，類比倒較為深入地接近了本質，顯示了一種邏輯的合理性；加上西方文化擅長理論分析，有相對獨立發展理論的特點，因此「人體宇宙說」的智慧在後來的西方文化中產生了很大的影響。

比如古希臘的醫生阿爾克梅翁，根據畢達哥拉斯的理論，提出人是一個小宇宙，是大宇宙的縮影。因為人的靈魂是數的和諧，而數的和諧是世界一切事物的本質，因此，人體是按照宇宙的和諧構造的。

「人體宇宙論」的觀點，隨著西方理論哲學思維的發展，得到了較大的發展。對大小宇宙類比有興趣的人已不僅限於醫生：斯多葛學派的辛尼加在《自然問題》中用人體模式來類比

自然。詩人馬尼利亞斯在《天文學》詩篇中按人體的各部位來描述自然的區域。到中世紀，這一類比觀念尤其盛行。公元十世紀，由巴士拉（現伊拉克境內）的「精誠兄弟會」編著的一部哲學科學百科全書，將這種宇宙類比方式提高到一個空前的水平。他們從解剖學和生理學的各個方面企圖找出人與宇宙結構變化之間的類似之處和相互對應關係。阿拉伯醫學家伊本·西那寫的《醫典》就包含了上述人和宇宙類比的內容，這部書後來成了歐洲各大學的醫學教科書。到公元十二世紀，基督教神父也開始接受這樣的類比。當時就出現了兩本以《小宇宙》為書名的著作。猶太醫學家摩西·邁蒙尼第在《迷途指南》中也多次提及人體與宇宙的類比。他說：「宇宙就它的總體來說不過是一個人。正像一個人是由各種固體（比如肉、骨、筋）、各種液體和各種精神元素組成；同樣，整個宇宙也是由天體、四種元素以及它們的結合物組成的。中心由地球占據著，地球為水所包圍，水為氣所包圍，氣為火所包圍，而火又為第五種物質（第五元素）所包圍。」

即使到了十六世紀，近代自然科學問世之際，這種宇宙類比的興趣在歐洲仍然延續不退。如德國醫生阿格里帕在《隱祕哲學論》中寫道：神創造了三個世界，即四元素世界、星辰上天世界和天使的睿智世界。而人就處在這三個世界的中心，是反映大宇宙的小宇宙，因此人能夠知道一切。瑞士化學家及醫生帕拉塞爾蘇斯的觀點更為明確：知識來自小宇宙與大宇宙的類比，「懂得了雷霆、風雨和暴風的起源，人便懂得腹痛和動脈扭塞是怎樣來的。」

近代自然科學家有許多重大發現的靈感，是得之於大小宇宙類比的。因此說，從歷史後來的成果去反觀古希臘的智慧，更能體會其深蘊的價值。

# Chapter 11
# 道德的變奏

如果說後人習慣於用一種順服的惰性去恪守道德的準則，那麼古希臘人則是用一種探去索的理性去駕馭道德的法則。

道德是需要穩定不變的，如此才能規範人們的行為。但道德根本上源自人性，它總是伴隨著人性的變化而變化，適應著時代的變遷而變遷。若用不變的態度對它，常常會顯出人生迂腐；但如果因此而玩世不恭，則又會成為無恥之徒。要把握道德的變化，又要從變化中恪守道德的合理準則。這是一種藝術，需要相當的智慧。

並非每個古希臘的智慧之士都能駕馭道德的這種變奏律的。但他們卻在思索，力圖把握它。這種探索，對每個時代，無疑都是一門智慧的學問。

## 以錯對錯的妙用

「針鋒相對」、「勾心鬥角」，這是日常生活中相抗的處

事方式；「推心置腹」、「以誠相待」是日常生活中相諧的處事方式。在這不同的處事方式中，雙方就手段而論，很難用「是」、「非」或「正確」、「錯誤」的標準來鑑別。是非、正誤是對一件事物的結論進行批判的標準，而不是對手段方式評判的標準。在同樣能夠達到目的的情況下，手段方式只是合適與否或正當與否。

正因為手段可以多變，人們常常會對於別人的某種手段採取相應的手段。不懂得應變的手段，是一種愚蠢的行為。

但對於目的和結論，情況就不同了，因為這裡有是非正誤的標準。人們常常為堅持目標而不屈抗爭，並視之為美德。歷史上有許多人為堅持真理而不惜犧牲自己的生命。以往人們總是歌頌這種犧牲，很少反觀其內在的合理性。

其實，真理究竟是靠犧牲來堅持，還是靠合理性來堅持，是值得人類反思的。自然界有一個基本的原理，叫作「適者生存」。生命萬物，總是在適合自己的環境條件下生長發展，在不適合自己的環境條件下沈淪滅亡。真理也是有生命力的，也是需要在適合的環境條件中才能被理解和接受。但是人類有了能動的精神，常常被精神的自大蒙混了頭腦，很容易忽視自然條件或社會環境的合理性，將真理納入精神的支撐中。這種堅持，有時往往會變成缺乏合理性的空想式生存。

從另一個角度說，真理總是相對的，環境能接受到什麼程度，真理就生長到什麼程度。不顧及客觀環境而堅持絕對的真理，這是理想主義的天真爛漫。這層道理，步步分析起來，人們還是比較容易明白，但在實際生活中要處理起來，卻會令許多人陷入困惑。

在這個人生難題上，古希臘傑出的唯物主義哲學家德謨克利特卻沒有唯意志的天真，處理得富有智慧和機趣。

有一天，阿布德拉城有個人請古希臘名醫希波克拉底去為該城以聰明見聞的德謨克利特治病，因為德謨克利特花了族中很多錢周遊各國，回來後成天解剖野獸屍體，不管田園，一定是瘋了。他的親屬為此向法庭控告，要把他驅逐出境。好心的鄰居便去請來了醫生。

希波克拉底來到德謨克利特的住處時，見他正在解剖動物屍體，鑽研思考記錄。他的鄰居對醫生說，德謨克利特這是瘋了。正說著，天上掉下一隻大烏龜打在他的禿頭上，把他打昏了，而頭上飛過一隻老鷹。當時人們把老鷹看成是天神宙斯的傳信鳥，因此都嚇壞了。

而德謨克利特說：這是因為老鷹喜歡吃烏龜肉，因龜殼硬，吃不到，就從高空把烏龜往地上的石塊甩，打碎龜殼後便可撕食。由於老鷹誤把禿頭當發亮的石頭，所以打到頭上。這種不信神的科學解釋，希波克拉底十分理解，但一般的人們卻不然。

此時，法庭來傳德謨克利特。德謨克利特向法庭解釋了自己周遊列國是學習各國的智慧，解剖動物是科學研究，這一切都是為了國家和人民的利益。但是這一切說明都很難改變法官和原告對他的誤解。於是他就說出了下面這番話：「法官先生們，不管你們聽不聽我的話，要不要我的書，現在我只向你們講一件事：你們記得總叫我瘋子的那個老鄉吧？你們知道他出了什麼事嗎？一隻大老鷹，宙斯的傳信鳥，把一隻烏龜摔到他的腦袋上。這是他辱罵我而得到的懲罰！你們也這樣做吧！咒罵我，把我趕出阿布德拉好了。我看見老鷹又在那邊飛來了，馬上就來為我報仇了。」

這下把法官真的嚇住了，結果德謨克利特非但沒有被判罪，還得到經濟上的補償。

希波克拉底陪德謨克利特回家的路上問他：「你不是說烏龜事件並沒有神靈嗎？怎麼你現在改變觀點了？」

　　德謨克利特回答：「難道我能向那些愚蠢的法官講清道理嗎？真理只能對智慧的人發生作用，愚蠢的人只能用荒唐的辦法對付。」

　　德謨克利特「以錯對錯」的方法恰恰顯示了正確的智慧及其妙用的價值。這種法則倒像數學乘法中「負負得正」的關係。不過，生活中的這個法則卻比數學中難用得多。人們常常難以判斷周圍環境和接受對象對真理容納的程度，有的根本不做判斷，信奉「真理走遍天下」的格言，不適時機，不看對象地大講真理，以致招來麻煩，乃至殺身之禍。

　　羅曼·羅蘭曾經說過：「世界上最難的莫過於讓人們接受真理。」因為真理是要通行的，在真理通行的道路上必然要改變不合理，觸犯舊習慣，這樣它就遭到了來自舊傳統和舊習慣這兩個最頑固勢力的抵抗。因此對真理的通行缺乏現實的社會經驗，抱著浪漫主義的態度是非常危險的。發現真理、宣傳真理的時候是可以帶點浪漫色彩的，因為真理畢竟是帶著光圈的，當它還沒有步入現實王國時，確實對現世有一種光耀的作用；但貫徹真理的時候，總是會伴隨著戰鬥的。

　　因此有一句格言是要記住的：「發現真理並不難，難的是將真理變成真理。」


# 家醜不得外揚

　　中國人歷來崇尚「家醜不得外揚」，連孔老夫子這個大聖人也不能免俗。《論語》中曾有這樣一段對話——

葉公語孔子曰：一吾黨有直躬者，其父攘羊，而子証之。」孔子曰：「吾黨之直者異於是。父為子隱，子為父隱？直在其中矣。」

殊不知外國的神也講究這一套。古希臘神話中有這麼一個故事——

愛神阿芙洛狄特被許配給跛足的鐵匠之神赫菲斯托斯，但是她卻愛上身材挺拔的戰神阿瑞斯，並同他生了三個孩子。赫菲斯托斯對妻子的不貞行為一直一無所知。有天晚上，這對情人在阿瑞斯的色雷斯宮裡睡太久了，當太陽神升上天空時，看見他們兩人在床上尋歡作樂，便將此事告訴了赫菲斯托斯。

赫菲斯托斯不由怒火中燒，氣鼓鼓地回到鍛爐邊，用青銅錘打出一張細如游絲而又牢不可破的羅網。然後悄悄地把網繫在婚床四周。阿芙洛狄特從色雷斯回來後，告訴丈夫，自己去了趟科林斯。赫菲斯托斯佯裝全不知曉地說道：「我的愛妻，請原諒我，我要去我心愛的島嶼利姆諾斯休息一、兩天。」阿芙洛狄特心中不由暗喜。等他一走遠，就急忙派人找來阿瑞斯。兩人歡歡喜喜地同床共枕。不料等他們一覺醒來，發現自己被網纏住了，赤條條地動彈不得。這時赫菲斯托斯出其不意地回到家裡，並召喚奧林匹斯山的全體神祇前來目睹他家的恥辱。他揚言他妻子的養父宙斯必須把價值連城的結婚聘禮退還給他，否則就不放她。

諸神興致勃勃地趕來觀看阿芙洛狄特的窘態，女神們則為了不使當事人感到太難堪才待在家裡。在一旁觀看的阿波羅用肘輕輕地推推眾神的信使赫耳墨斯一下，問道：「你要是處在阿瑞斯的地位，被赤裸裸地套在網裡，大概也不會在乎吧？」赫耳墨斯信誓旦旦地說道：「就算我被三張網纏住了，而且全

體女神都在一旁看白戲，我也絕不會計較。」說完，兩位天神會心地哈哈大笑。然而，宙斯對赫菲斯托斯的行為深惡痛絕，說他是個大傻瓜，居然將家醜「曝光」。他不僅拒絕退還結婚聘禮，而且也不肯干預這場夫妻間的無聊爭吵。

這則神話雖然講的是眾神的事情，卻表達了當時希臘人一般的處事準則。

# 中庸即美德

古希臘最著名、最博學的大哲學家亞里斯多德在《尼各馬可倫理學》中有這樣的名言：「過度和不足乃是惡行的特徵，而中庸則是美德的特性。」「美德乃是一種中庸之道。」

中庸，在中國古代歷來是得道的最高境界，所謂「極高明，而道中庸。」「盡萬物之理而不過。」這就是說人們要達到中庸之道，不僅要通達萬事萬物的道理，而且必須不偏不倚、恰到好處地把握萬事萬物運轉變化的規律。中國文化是一種總體論的文化，一開始就是從世界的總體、萬事萬物的相互關係中去尋找適宜的生存發展規律，認識到因事物關係有互相制約性，所以「過猶不及」，「欲速則不達」，必須取中庸之道。這種認識過程是靠本身的文化特徵悟出來的。而西方文化則是分析的文化，他們擅長於對某一局部做深入分析，而在總體的關係上常常不知不覺地陷入形而上學的對立中。因此，就他們的文化特徵看，要形成中庸的思想是不容易的。

亞里斯多德是古希臘哲學的集大成者，他的博學、深刻，以及他所處的時代，都為他提供了可以綜合前人之哲學的條件。因此，在他的哲學中，形成中庸的理論並不是偶然的智慧

火花，而是必然的智慧結晶。由於文化上的不同，亞里斯多德的中庸理論與中國的中庸之道並不雷同。中國的中庸之道是聖人們悟出的經典之語，而亞氏的中庸理論則是通過邏輯的分析和社會實踐的觀察得出的。因此，古希臘特色的中庸之道具有它獨到的意趣和特徵。

亞里斯多德是著名的馬其頓王子亞歷山大的老師，師生間的友誼非常真摯、純潔。王子繼承王位後，無論國事、戰事多麼繁忙，對老師研究工作的關心卻始終不忘。當亞歷山大成為強大帝國的國王後，亞里斯多德並不想利用權勢為自己謀利，而是離開國王，到雅典的里克昂開辦學校。這固然出於他學者風度的選擇，但也有「中庸即美德」的理論做基礎。

亞里斯多德認為，凡是有美德的活動都是能夠真正給人的心靈帶來愉快的。而所有包含美德的活動之中，唯有哲學的沈思能最持久、最純粹地保持愉快。因為哲學並不把追求幸福的目的寄託在外在的對象上，而把其思維活動本身當作幸福，這種幸福是絕對不會失落的。在其他的活動中，人們或多或少總有一個追求的目標，並常常把幸福寄託在目標中。為了追求目標，人們忙忙碌碌，四處奔波，行動本身失去了悠閒，無暇感覺它的愉快，結果中的幸一福也是有限的，並且容易喪失。

這層道理就像日常娛樂中沒有賭博的打牌，本身是輕鬆愉快的。一有賭博，目標轉到了錢財的輸贏上，打牌本身就不再是輕鬆愉快的了。而且輸贏越大，心理負擔越重，打牌的過程就越緊張，越不能體驗到輕鬆愉快，而最後的目標也不是必然令人愉快的。

亞里斯多德以戰爭和政治的實踐活動為例，說明這種活動本身就缺乏悠閒，毫無愉快。儘管這種活動具有崇高和偉大的特性，但目標不在自身，因而活動本身是不可取的。而哲學的

沈思是探尋人類的真理，它既含有高尚而嚴肅的價值，本身又是可取的。在沈思的過程中，因不受外界目標的干擾，遵循事物的自然進程，既不受成功的衝動而忘乎所以，又不受失敗的打擊而退避三舍，這樣就進入了中庸。

關於中庸的合理性，亞里斯多德有一個通俗的比喻。他說：世上成功與失敗的關係就像射靶子，成功只是中間的靶心，失敗則是靶心外的一大片。因此，「失敗可能有多種方式，而成功只能有一個方式。」這就是不偏不倚，中庸之道。亞里斯多德的這種中庸之道，不像中國古代的中庸之道帶有神祕和玄妙的特點，而是具有形式推理的清晰性。當他把這種清晰的推理擴大運用到社會倫理的其他複雜領域時，卻容易顯出形而上學的淺薄。

譬如在貧富問題上，他認為一個國家中十分富有的階級和十分貧窮的階級都是不好的，只有擁有適度財產的中產階級才是最好的，因為在這種生活境遇中，人們最容易遵循合理的原則。在國家問題上，他認為中庸的國家是最好的，因為任何國家都會有派別紛爭，而在中等階級人數最多的國家，派別紛爭最少。民主國家比寡頭的國家較安全和持久，因為民主國家有一個人數更多、參與政府也更多的中等階級。

亞里斯多德的中庸理論，始於心智和道德關係的推理。心智涉及人的內心慾望對幸福和愉快的追求與感受，而道德是一種超越個人的普遍化行為準則。在階級社會中，普遍的道德準則和個人的慾望之間總是存在著衝突。亞里斯多德企圖在這種衝突中保持不走極端的中庸之美德，除了極少數人格完美的聖哲，普通人是無法做到的，整個社會也缺乏這種中庸之美德生存的條件。因此，亞里斯多德關於中庸即美德的理論在實際上並不像儒家的中庸之道之在中國那麼有地位、有影響。然而，

這並不能否定亞里斯多德中庸理論的合理性和文化價值。它對西方人性和人本理論的探索與發展，有著深層的影響。

# 善與智的主宰

　　善與智是人類歷來推崇的美德和聖人賢士必備的雙重品格，在人類文化的無數結晶中都有它們閃耀的光輝。人們無法想像它們之間會有什麼衝突或矛盾。不過，在詩意中的人和在現實中的人常常是不同的，有時甚至是差異迥然的。因為詩意常常從完美的人性出發去構想事物，而現實卻是從荒唐無知逐步走向文明合理。在這漫長而艱澀的人類歷程中，完美的人性與不合理的現實本身就是無法調和並且衝突的。所以，善與智當它們凝結在單個人品格中的時候，它們固然是龍鳳合璧、完美無問的，但當它們在現實生活中展現時，卻會產生出難以理解的矛盾與衝突，把人拋入深深的困惑與迷惘。人們不知道在它們的背後究竟是什麼在主宰著。如果我們把這種種神祕的現象看成一種深層的智慧，那麼，古希臘時代正是探索這種智慧的初盛時代。

　　講到善與智，在古希臘當數蘇格拉底最有影響力。可以說，他在善與智的結合上已達到完美的統一。但當他試圖用智慧的形式把這種善的普遍本性播向社會時，結局卻是「有罪」而被判處死刑。這種個性與社會性的悖理現象，在以後的歷史中也不斷出現。但是在人類智慧開發的古希臘時期，蘇格拉底是一個最有代表性的人物。蘇格拉底的死，罪名是不敬神和教壞青年；其實是有人對他用智慧傳播善的原則（公正、正義、美德等等）的反誣。從具體細節上當然可以找到許多原因，例

如他性格的特殊，持有靈魂永生的觀點，以及他在被審時不肯屈服、堅持己見等等；也可歸因於當時容易蠱惑、被少數人操縱的低劣的民主制度。但是就歷史發展的深層關係看，個性與社會的衝突卻是以善與智的矛盾來表現的。

說到善的品格，蘇格拉底幾乎集中了所有的美德，他謙遜、儉樸、節制、容忍、公正、勇敢、堅韌、不貪財、不追逐權力，這種品格融化在生活的每個細節中，常常令人讚歎。比如在家庭生活中，他的妻子珊蒂珀是一位脾氣暴躁，動輒大發雷霆的人，在當時男子嚴格約束婦女的時代，蘇格拉底卻能把丈夫的權威拋在一邊，用謙和冷靜的態度對待。有一次，人們問他為什麼不好好教育自己的妻子，讓她脾氣好一點。蘇格拉底說：「我生活的重大目標是和人們友好相處。我之所以選擇珊蒂珀，因為我覺得如果我能同她很好地相處，我就能同任何人很好相處了。」

在日常生活中的寬容和在戰場上的無畏、勇敢，是他善良品格的兩個方面。他參加過多次戰役，都很勇敢。在一次戰役中，他看到戰友阿爾其比亞德在一群敵人中受了傷，於是奮力衝進去打退了敵人，把他救出。將軍們為此頒發了一個花冠，作為對最勇敢者的獎勵。蘇格拉底卻堅持要把花冠頒給阿爾其比亞德。

蘇格拉底並不滿足於具體行為的善，而要把善提升為社會人性的最高本質。他認為個別人物身上的仁慈、克制、謹慎、正直、勇敢等品格還不能稱為善，善是對這些品格的概括和抽象，是大家普遍需要遵循的道德規範。因此他主張道德即知識，沒有知識就不能為善，企圖通過教育，讓人們普遍為善。於是他利用自己的智慧，即通過辯証法（亦稱智慧接生術）教育人民。這種方法通過大量對話，使對方認識到許多被人們盲

目信奉的外在的道德標準和道德信念都是相對的，有時間、地點的限制，真正的標準在一個人自己內在善的本性。

但是，當此標準一移入人的內心，也就等於沒有了標準。因為人的內心世界廣潤難測，除了人性達到完美自覺境界之人，一般人對自我的認識比對世界的認識更困難，把判斷標準交給他們，猶如投入無法測摸的黑洞。這對於尚在奴役、貪婪、欺詐、剝奪的古希臘階級社會來說，實在是太早了。這種辯証法的教育無疑是給善的宣傳者本人布下大片危機。這種危機在古希臘喜劇大師阿里斯托芬的作品《雲》中以誇張的手法，簡單地表現出來了。

喜劇的情節是這樣的：斯特雷普夏德，一個老派雅典公民，因為新派兒子奢侈，使父親欠下很多債，被逼無奈，只好到蘇格拉底那兒學了些法律知識，找到了理由，把一定的法律義務，比如替子還債等從根本上推翻了。他用這種智慧對付債主，把他們一一戲弄後趕走了。於是他要兒子也去學辯証法。可兒子學好回來後用非常頑劣的方式對付父親。父親大叫大逆不道，可兒子同樣用辯証法的智慧向父親証明兒子完全有權利打他的道理。斯特雷普夏德氣憤至極，大罵辯証法，並去放火燒掉了蘇格拉底的房子，以此結束喜劇。

劇本雖然是非真實的誇大，但內在包含的深刻道理，巧妙地揭示了蘇格拉底善與智的矛盾，並恰巧預示了蘇格拉底在雅典的真實命運。蘇格拉底雖然出於熱愛祖國的一片善意和真心，眼見祖國政治腐敗、世風日下、道德淪喪，想靠自己的智慧去拯救她的病體。但一種智慧的、執著的善行總是有人讚揚、有人反對，當反對派利用民主制可操縱的機會對蘇格拉底發洩私憤，挑唆公眾判他死刑後，他仍拒絕別人為他精心策劃的越獄計劃，寧願以極崇高的式死在虐待他的祖國雅典的土地

上。這種行為比他的理論更深刻地震動了古希臘的歷史和希臘人的良知。

從蘇格拉底的命運中我們可以看到，當社會的善無法表現人性的善時，完美人性中善與智慧的外化必然會導致人格的分裂。在這種分裂中，人們只有兩種選擇：一種是妥協，一種是抗爭。大多數人往往做第一種選擇，他們屈服於社會壓力，智慧轉向了保護自我的取巧方面，不顧內在的人格分裂，以虛偽的方式維持個人在社會中智善統一的人格地位。而蘇格拉底則做後一種選擇，堅持人格的內在一致，頑強地去影響社會。雖然導致悲劇，造成人格的外在分裂，智的社會化把具體自我的善否定了，但這種外在人格的分裂卻把善從具體提高到一般的高度。他死後，希臘人很快就認識了他善的本質，善與智在新的高度得到統一。

反思古希臘歷史的這一頁，我們可以看到，善與智的關係受到人性和社會性中更深層本質的主宰。它究竟是什麼？這是古希臘留給後人的智慧之謎，需要跨時代的智慧去理解和把握。蘇格拉底本人將它歸於神性。他在面對死亡的宣判前這樣說：「你們不要由於定我的罪而對神犯罪，錯誤地對待了神給予你們的禮物。因為如果你們殺了我，你們不會很容易找到一個繼承我的人。我──如果我可以用這樣一種可笑的比喻的話──是一種牛虻，是神賜給這個國家的；而這個國家是一頭偉大而高貴的牲口，就因為很大，所以動作遲緩，需要刺激來使它活躍起來。我就是神讓我老叮著這個國家的牛虻，整天地，到處總是緊跟著你們，說服你們，並且責備你們。」蘇格拉底這種不由自主、神使其然的感覺，在今天便應當從完美的人性中去尋找答案。

# Chapter 12
# 制勝的謀略

　　古希臘的智慧不是從詩歌與書本中培育出來的，而是從戰亂與競爭中鍛鍊出來的。國與國之間頻繁的戰爭，人與人之間權力與金錢的競爭，神與人之間命運與幸福的變幻，這一切都需要古希臘人用靈活、機智的頭腦去適應和對付。他們不僅鍛鍊體格，從小培養戰鬥中的應變、自衛能力，而且從小養成熱愛智慧，把握自己命運的能力。這是生存競爭的基本前提。

　　智慧，在今天是一個美好的字眼，但我們切不可只是把它當作一種美好的裝滿。如果這樣去認識智慧，那麼這種認識本身就是非常缺乏智慧的了。

　　現實中的智慧是一種活生生的精神，它既要尋找真善美，也要面對假醜惡，它需要有崇高的形象去提拔心靈，也需要有特殊的狡智去戰勝危難。

# 特洛伊的木馬

　　古希臘著名的荷馬史詩中有一個神奇的「特洛伊木馬」的傳說。故事發生在公元前十二世紀。由於在愛琴海東岸，位於小亞細亞半島上的特洛伊城日益富裕起來，以邁錫尼為主的希臘各國組成了一支聯軍，叫亞該亞軍，渡海遠征特洛伊城。在久攻不下之後，希臘人使用了木馬計的欺敵手法——

　　在特洛伊城前的戰爭進行了十年，雙方都疲憊不堪。一天傍晚，亞該亞的軍艦全部駛出了港口，從特洛伊城前消失了。

　　第二天清早，一個信使跑進特洛伊首領普利阿姆老人的宮中報告敵人全部撤走了。這是一個奇怪的消息，曾經那樣頑強進攻特洛伊的敵人，突然揚帆而去了。為了探明其中是否有什麼詭計，普利阿姆派人前去偵查。他們看到亞該亞軍隊燒掉了一切遺留下來的東西，只有一匹大木馬聳立在海岸邊。

　　消除了戰爭威脅的人們興高采烈地擠出城外，圍在木馬邊上奇妙地觀賞、議論著。有的說把這匹木馬當成戰利品，運到特洛伊的神聖山崗上，讓後代記住這光榮的業績；有的主張把木馬燒掉或推入海裡。首領普利阿姆一言不發，拿不定主意。

　　這時，有幾個牧人押著一個衣衫破爛、渾身泥沼的瘦弱青年，臉上和身上都是被打的傷痕。他們來到首領普利阿姆跟前，命他跪在地上。當首領審問他的時候，他說：「我是一個不幸的亞該亞人，名叫西諾恩。我的死對頭，狡猾的奧德修斯想謀害我。亞該亞人疲於征戰，早就想離開你們這不好客的海岸，但是為逆風所阻。僧侶們說：天神們要求人祭，否則風就不會停，那麼誰也回不了家。奧德修就指定了我。大家當然都樂於犧牲一個人，使自己得救。在祭神的前夜，我逃出了警衛的監視，躲在沼澤裡。今天早晨，我看到亞該亞的營地空無一

人，就從藏身的地方爬出來。當我在平原上疲憊地走向特洛伊時，你們的人把我捉住了。現在我已經不可能回家了，我希望能在你們這裡找到新的家鄉，否則就請賜我一死。」

特洛伊人問他，亞該亞人為什麼造這隻奇怪而高大的木馬。西諾恩擦了擦臉說：「亞該亞人造了這匹大馬作為給雅典娜女神的獻禮。現在他們故意留在這裡，有一個祕密的用意。我把這個祕密告訴你們，就可以給特洛伊帶來巨大的利益。這樣你們也許就會饒了我這條命，給一個可憐的、沒有祖國的逃亡者以棲身之處。」然後，他開始講述祕密：「亞該亞人估計你們會毀掉這隻怪物，這樣就可以引起天神對你們的憤怒。因為亞該亞人曾經獲得這樣的預言：如果這匹獻給雅典娜女神的馬進到特洛伊城內的話，那麼特洛伊的城市就會成為攻不破的，而亞該亞軍隊就將在未來的戰爭中敗北。因此，希臘人不惜花費氣力地拚命把馬身建造得這麼龐大，為的是讓它不能從你們的城門中過去。」西諾恩的這番話打動了國王和周圍的人，國王命令給他鬆綁。

但是特洛伊城的一位僧侶拉奧孔不以為然，他認定西諾恩是奸細，堅決反對把木馬運進城裡；他還用有力的手把一桿長矛投向馬的身體，從馬內發出可怕的響聲。但是正當此時，大海咆哮起來，海面上游出兩條大蛇，它們向拉奧孔的兩個兒子撲過去。拉奧孔趕去救護，結果三個人都被蛇圈住，窒息而死。蛇沒再碰別人，就跑到雅典娜的寺廟裡去，鑽進女神雕像的腳下。這時西諾恩叫嚷道：「侮辱神靈的人得到了應有的懲罰，獻給雅典娜的禮物是不能毀掉的。」這些話說服了迷信的特洛伊居民，他們相信拉奧孔的死是神給他們的警告。

於是，特洛伊人忙著將大木馬裝上輪子，拆掉部分城牆，用很多馬把它拉進城裡，放在雅典娜神廟旁的堡壘裡。

當興奮了一天的特洛伊人入睡之後，大海的夜霧中閃出了幾下火光。這是亞該亞首領阿加門農率領船隊返回港口，悄悄登陸的信號。城內一個黑影溜到了木馬旁，敲了幾下暗號。木馬裡發出一陣怪聲，跳出許多手拿武器的亞該亞士兵，他們迅速消滅了城邊尚未清醒的守軍。大批亞該亞軍隊蜂擁而入，占領了特洛伊城。天亮時分，特洛伊城已被燒成廢墟。

「智慧」是一個美麗、閃光的名字。

但在戰爭中，智慧常常伴隨著欺騙、愚弄和殘忍。亞該亞人利用特洛伊人對神的迷信，加上苦肉計產生的心理效應，使十年攻不破的城堡毀於一旦，正可謂用盡心機，不得不說它是一種智慧。但這種智慧並不是一種善的力量，而是一種惡的力量。對待這種智慧，我們不能從社會的橫向去觀察，因為它除了帶來血腥和殘暴，沒有可歌頌的一面。

但是，作為一種智慧，總是有其價值的一面。從歷史的縱向去觀察，我們看到智慧戰勝了迷信，惡的智慧在歷史上起著一種推動的作用。如黑格爾所說：「人們以為，當他們說人本性是善的這句話時，他們就說出了一種很偉大的思想；但是他們忘記了，當人們說人本性是惡的這句話時，是說出了一種更偉大得多的思想。」因為正是人的惡劣之情慾、貪慾和權勢慾成了歷史發展的槓桿。其實惡的動力更確切些說，應該是以惡的形式表現出來的智慧，才是推動歷史前進的動力，因為愚蠢的惡總是無法得逞的。

從特洛伊木馬中的惡之智慧看，戰爭不只是經濟實力的拚鬥，更是智慧的較量。這是與中國《孫子兵法》中「兵不厭詐」的原理相通的。而這種智慧在歷史上真正超過了神的力量，這一點，古希臘哲學家赫拉克利特已經看清楚了。他說：「戰

爭是萬物之父，也是萬物之王。它使一些人成為神，使一些人成為人，使一些人成為奴隸，使一些人成為自由人。」

# 定勢中的隨機心術

當物理學進入現代量子領域，牛頓傳統的經典運動規律被量子運動軌跡的「測不準性」所取代時，不但整個物理學發生巨大的轉折，現代科學的思維方式也產生了變革。

「測不準性」或曰「隨機性」，是現代科學思維的智慧象徵。令人感歎的是：人類經過那麼多科學家的艱難實踐，從人類外在的物理世界中探索出來的這種運動規律，實際上早在人類自身的思維方式中存在了。

所謂量子運動的測不準性是：當量子運動沒有受到觀察的光子作用時，其運動軌跡是一種狀況；當觀察光子作用於其上時，其運動軌跡便會從原來的軌跡發生偏離，測出的軌跡與實際的軌跡是不同的。人類的思維規律常常也表現出量子運動的規律：當一個人的計畫、打算未被人窺測時，有可能按照這個計畫、打算去實行；一旦被人測摸到計畫和打算，原有的計畫和打算往往就不再被實行。這是人心的測不準性。

人心的測不準性早就被人們所熟知，但遺憾的是，量子領域的測不準性被人們視作科學加以深究，人心的測不準性卻被斥為心術而加以防範。實際上，人心的測不準性是值得重視的，其中包含的智慧是深刻而有價值的。在古希臘就有運用這種智慧的成功例子。

古希臘歷史上記載著大政治家和軍事家伯里克利的這樣一次戰例；有一次，伯羅奔尼撒人把伯里克利的雅典軍隊撑到了

四周被高山峻嶺圍繞著的只有兩個出口的地方。敵人守在出口的兩端，打算把他們困死。伯里克利於是採用這樣一種方法：他命令士兵在一端出口處挖一道又寬又深的壕溝，將敵人阻隔開；而在另一端鋪設一條便道，以便實施突圍。這種戰略步驟顯然已是一種定勢，圍攻者全然不懷疑伯里克利要從鋪路的一端強攻突圍，因此就把部隊都集結在鋪路的那一端。可是他們怎麼也沒想到伯里克利此舉是一種內藏測不準性的表面定勢，當他把壕溝外的敵兵引向築路一邊的時候，就把事先暗藏的鋪板架在壕溝上，輕易地帶領部隊擺脫險境而去。

伯里克利此舉的高明之處就在於它的「兩可性」：如果敵人分兵兩頭把守，則處於劣勢，無法經受一條出路的反擊突圍；集中兵力則給伯里克利留下了可乘之機。這種機變的智慧是扭轉戰爭敗局或轉危為安的保証。

伯里克利在戰爭中非常善於利用心術的機變去改變一種看起來已成定勢的戰局或觀念。比如有一次，雅典軍隊去攻打一座城池，由於該城人民奮勇抵抗，未能攻克。夜間，他命令司號兵吹響軍號，並在臨海的城牆下大聲喧囂鼓噪。城內的人以為他們已經在那邊攻進城來，便放棄城門而走。於是，伯里克利趁虛而入，攻陷了這座城池。

這種正常情況下不可思議的弄假成真之事變，在當時的戰爭環境中正是一場防不勝防的心術戰。伯里克利把握住人心中天生的不可測性，用虛假的效應促成這種內心的兩可性向自己所需要的方向轉化，這樣就贏得了戰爭中的真實勝利。

此外，伯里克利還把人心中的兩可性用於對神靈和自然現象的迷信中，使人心向有利於自己所需的方面轉化。

有一次，伯里克利正在進行戰鬥準備，忽然發現一片叢林，從那裡可以窺視兩邊的軍隊。這是一片濃密而昏暗的叢

林。由於當地人稱此為死亡王國之神哈得斯的聖地，因此沒有人去占領這片叢林。伯里克利立刻想出了利用這種迷信來轉變敵人的心理以克敵制勝。他找來一名身材高大的部下，讓他穿上高統靴子、深紅色的長袍，把一頭長髮披散開來，躲進叢林中去，在那裡駕上一輛高高的，用幾匹耀眼的白馬拉著的戰車。伯里克利命令他，當發出作戰信號之際，便駕車向兩軍中間通過，口中呼叫伯里克利的名字，並鼓勵伯里克利，說諸神都要來援助雅典人了。結果，敵方真的以為是死亡之神哈得斯出來支持伯里克利，連一槍一鏢也沒來得及投，便嚇得都掉頭逃走了。

另一次，一個雷電正好在伯里克利的軍營上空震響時，他的士兵以為天神對他們發怒，一個個驚恐萬狀，戰鬥意志大減。伯里克利把士兵們召集到一起，當著大家的面，取了兩塊打火石，相互撞擊而生火花。他告訴士兵們，雷電不是天神的威怒，而是兩塊雲相撞而生，如同兩石相撞一樣。科學消除了大家心裡的迷信，保證了部隊的戰鬥力。

隨機而變的心術，使人們感到似乎沒有準則可循。這正是長期以來遵循固有規律的科學規範思維方法不屑一顧，無法接受的原因。但是從伯里克利的機變心術中，我們看到，無準則而能保證自己的勝利，正是其深奧的智慧所在。有規則的科學固然是一種智慧，然而無準則的心術則是一種更高級的智慧。


# 反常規的計謀

最常見的光，是物理學蘊藏最深的領域；最常用的語言，是包含邏輯最深奧的形式；最通常的形式，是發現真理最困難

的地方。「驚奇是哲學之母。」凡是超出常規，令人感到驚奇了，人的智慧也就容易被激發起來。平常的情況最容易使人熟視無睹，使精神沈於麻木。因此，要善於從平常的情況下發現奇蹟，需要比特殊情況下更具有敏感和豐富的智慧。

在古希臘多種多樣的智慧中，就有這樣一種智慧，就是善於——從極為平常的事情中發現不平常的機遇，創造出震動人心的奇蹟。

雅典將軍伊菲克拉特斯率領軍隊與敵軍對峙的一段時間裡，發現敵人總是在同一時間用餐，便命令他的部隊提早一小時開飯，然後率領他們出戰。當敵人出來應戰時，他又擺出欲戰欲退的樣子把敵人拖住，使敵人既不能作戰，也無法離去。等到半天過去，天近黃昏時，他把隊伍又帶回去了，但要大家馬備鞍、刀出鞘，做好隨時出戰的準備。

這時，敵人因在陣上站立時間太久和忍飢挨餓兩方面的緣故，被搞得疲憊不堪，人人都急著回去休息和吃飯。就在此時，伊菲克拉特斯又重新率領他的隊伍出發了。當他看清敵人營中一片混亂的景象時，便向其猛撲過去，大獲全勝。

又有一次，伊菲克拉特斯與另一敵軍拉棲第夢人對峙，雙方駐紮得很近。敵對雙方常常在同一時間出來收集飼料和燃料。有一天，伊菲克拉特斯讓一些奴隸和隨軍商販穿上士兵的衣裝去做這些事情，而讓士兵都留在營內。過了一會兒，當敵人也分散出去做這些事情時，他便去攻擊敵營。當四處分散的敵人得知危急，身背大大小小的雜物，赤手空拳地從四面八方驚恐萬狀地趕回來時，雅典人輕而易舉地便將他們擊敗了。

科學崇尚常規，但人心恰恰是喜歡反常規的。為此，幾百年來，自然科學家輕蔑地對待社會和人心的領域，認為那裡面沒有科學。

這個問題其實是要這麼看的：一切物質的存在都是有常規運動的，沒有常規，人便無法對它進行科學的把握。人作為一種物質的存在，也有其常規的運動；無常規，就不能建立社會秩序，不能進行科學研究。但是人與一切物質不同的是，人有一種能動的精神。能動的精神也是一種運動，但這種運動與一切物質的常規運動不同，而是一種反常規的運動。

正是因為有這種反常規的運動，人才不滿足於常規的現狀而用反常規的探索，創造出新的奇蹟；正是因為有這種反常規的運動，人才不甘願受人約束、奴役，而要追求自由；正是因為有這種反常規的運動，人才不斷發生進化，而每一種動物都按自己的常規，千年不變，沒有進化。事實上，科學的每一個發現和創造，都不是按常規思想的結果，而是反常規思想的結果。反常規的非科學思想是常規的科學思想的母親，科學思想有什麼權力蔑視反常規的思想呢？

人們把一切事物都想納入科學，以科學思想對待一切，評判一切，這種科學崇拜主義實際上只是對常規思維的迷信。這種觀點不僅是對科學價值的偏見，更是對人類精神自身本質的無知。反常規思想是真正的人的思想體現，它是一個特殊的領域，它的出現往往附帶著一種創造和奇蹟。在古希臘，這種特殊的智慧首先在軍事活動中得到較大的發展，因為它的出現直接關係到一個民族、軍團和個人生死存亡的命運大事。除了上述伊菲克拉特斯的例子外，還有其他許多例子，例如——

斯巴達人萊山德（即來山得，？～公元前 395 年）在埃戈斯波塔米附近與雅典人交戰時，每每在固定時間攻擊雅典人的艦船，然後把他的艦隊調開。這種行動已成為慣例。有一次，雅典人在萊山德的艦隊撤退後，開始分散其部隊。萊山德照例展開他的艦隊，並令其停泊。然後，當大部分敵艦按他們的慣

常作法分散開，他就對餘下的敵艦發起攻擊，把它們擊毀，進而截獲了對方的所有艦隻。

前兩個例子是伊菲克拉特斯掌握了敵方的常規之後，來一次反常規的出其不意而致勝；而來山得則是在自己給敵方造成常規的假象後，來一次反常規的出其不意，同樣也是能夠克敵致勝的。

在古希臘的戰爭史中，反常規智慧的表現手法很多。除了掌握時機的手法之外，在部署和形式上也變換常規，巧妙取勝。比如——

古希臘的斯巴達將軍加斯特龍率軍支援埃及人跟波斯人作戰。他認為希臘士兵比埃及士兵善戰、厲害，更令波斯人畏懼，於是想了一個計策。他讓希臘軍隊與埃及軍隊交換了服裝與武器，並把希臘軍隊部署在第一線。當希臘軍隊與波斯軍隊在接戰中互有勝負，相持不下時，他便把埃及人作為增援部隊派了出去。儘管波斯人實際上與希臘人打了個平手，但波斯人卻以為是跟埃及人打個平手，突然看到來的援軍是希臘軍隊，本來就對希臘軍隊懷有畏懼感，這時就更加驚慌，於是便倉促退走了。

真理有時是血淋淋的。每個真理的出現，總要伴隨著非常規的思維出現。一般人和社會的惰性常常會站在常規的思維軌道上加以排斥，拒絕接受真理，只有在血的教訓面前，人們才能接受一種真理。因此，古希臘軍事活動中所出現的那些智慧，雖然伴隨著殘酷和殺戮，卻同時創造了真理。

# 誘敵深入

古希臘時期，各城邦、各部落之間的戰事紛爭是層出不窮的，每一次戰事的產生都有各種各樣歷史的原因或利益的衝突。而決定戰爭發起的主要方面則是靠著經濟的強盛或者靠著訓練的有素。當然，除了這些實力性的因素之外，地理環境和戰略、戰術有時也起著決定勝負的命運；這就是智慧在戰爭中的力量。

古希臘的西徐亞（另譯‧斯基泰）部落是在東部草原上的遊牧民族。這是一個非常好武的民族，他們勇敢善戰，人人身邊都帶著幾種武器——輕便的木弓和箭、短劍和標槍。他們是天生的騎士和百發百中的射手。在戰鬥中，他們騎著馬，飛快地向敵人衝去，先用標槍和箭投射，然後再用劍來結束戰鬥。當然，這些好戰的遊牧民族常常襲擊在他們周圍定居的鄰人，並不止一次地侵入亞洲。當時亞洲最強大的國家烏拉爾和亞述也抵擋不住他們。他們還侵入過埃及，統治了埃及廿八年。

後來，亞洲的波斯人日益強大起來。一百多年後，到了大流士時代，波斯已成為一個征服歐亞大片領土的強大帝國。為了占領新的土地，擴大自己國家的地槃，又為了報復西徐亞人過去的入侵，大流士決定遠征西徐亞。在這之前，大流士的波斯軍隊還沒有吃過一次敗仗，因而這一次他們以同樣必勝的信心投入遠征。

大流士分別派出信使到他統治下的各地區和征服國，要他們出各方面的軍事力量，並叫薩摩斯島的希臘人曼德洛克利在穿越歐亞之間的博斯普魯斯海峽上架設橋梁。

一切準備工作都做好以後，大流士的大軍渡過了海峽，向遼闊無邊的西徐亞草原進軍。西徐亞人不僅勇猛、善戰，而且

從不退卻。他們認為怯懦是最大的恥辱。大流士以為像西徐亞這樣勇猛的草莽原始民族，一見敵人踏上他們的土地，就會拚命搏鬥，展開決戰。

但是出乎大流士的意料之外，在他面前是一片荒無人跡的草原，竟然沒有看到一個西徐亞兵士。這使大流士感到了問題的嚴重性。

原來西徐亞人面對強大的波斯軍隊，開動了自己的腦筋，大家想出了一個誘敵深入的戰略。這就是利用西徐亞遼闊的土地，採用大運動的迂迴游擊，把波斯軍引入腹地。為了實現這個作戰計畫，西徐亞人把自己的軍力分成兩個大隊；一隊在遠處窺伺敵人，一等波斯人被困苦折磨得疲憊不堪，要退卻的時候，就去進攻他們。另一個大隊緊緊地走在波斯人前面，跟敵人保持一天路程的距離，監視敵人。這一隊軍士沿途填塞了一切水井和水泉，焚燒了草原，消滅了一切植物。

遠古時代，進攻軍隊的給養，主要靠劫取沿途居民的財富。可是現在這裡沒有居民，大流士軍中的一切都感到不足了。波斯軍隊感到無休止進軍的疲憊，可敵人卻不可捉摸。

等到大流士的處境日益險惡，隊伍沒有糧食，被拖得精疲力竭的時候，西徐亞的軍隊才擺開了決戰的陣勢。情勢改觀，這時的情形不是波斯人抱著必勝的信心，而是西徐亞人抱著必勝的信心。大流士深感大勢已去，便在晚上燃起篝火，留下所有不需要的驛馬，帶著精兵撤回後退的大橋。

大流士向留下的波斯殘軍謊稱帶著精兵襲擊西徐亞人而悄悄溜走了。第二早晨，波斯軍營中被遺棄的兵士明白真相後，發出一片嚎哭和呻吟聲。

由於追趕的西徐亞人與大流士走岔了路，使大流士得以從渡口重新返回，沒有在西徐亞全軍覆沒。

這是波斯人所向無敵以來第一次最大的軍事敗績。

常常聽到「勝負乃兵家常事」的說法，這種籠而統之的說法在很大的程度上是為指揮員的無能或失策做掩飾的。當然，戰爭雙方極盡智謀，靈活機變，真假相掩，使人防不勝防，誤入圈套的狀況也是客觀原因之一。但是在歷史上許多重大的戰爭中，勝負的局面是可以事先明確料斷的。

西徐亞人誘敵深入的方案，包含多重因素的智慧判斷。

他們對於自己廣潤的土地以及遊牧民族之無固定堅築的財富，足以給敵人製造荒涼的判斷，這是智謀之一。

他們對無往不勝，征服各國的大流士的野心和高傲，進行不斷刺激，挑動他進入圈套，這是智謀之二。

他們在克服自己的輕敵思想，耐心游擊，等待戰機方面，表現了知己知彼、沈著冷靜，這是智謀之三。

當然，大流士作為一個常勝帝王，也是富有謀略，機智靈活的。但在面對一個不起眼的敵人時，由於過分輕敵，又過分自信，對這樣一個明顯的戰略缺乏明察，終至失敗。

戰爭的你死我活和殘酷性，使人們可以看清智慧在戰爭中的地位是一位真正的君王。它不只是一種抽象的謀略，而且是由生命各種活力凝聚的靈性；它在深思、靜觀、細察中得到發展，而在高傲、輕率、粗莽中退隱。

戰爭的成敗，在很大程度上是由智慧的高低決定的，而智慧的高低又是受多種心理因素支配的，「驕兵必敗」的說法便道出了這種智慧後面的原因。

在古希臘，一位好的軍事家往往也是一位好的政治家。他們足智多謀，心理素質好，對文學、藝術、哲學都有很好的修養。雅典最興盛時期的伯里克利就是這樣一個典型人物，在他統治時期的古希臘，哲學、藝術的繁榮和軍事的富強，與他本

人的修養是分不開的。許多哲學家、藝術家都是他的好朋友。還有後來的亞歷山大，是亞里斯多德專門教育的王子，他特殊的氣質修養使他成為古希臘時期最盛極一時的人物。

古希臘許多著名思想家都經歷過戰爭，表現了卓絕的戰鬥智謀。戰爭雖然殘酷，卻又是智慧的血與火的洗禮；它讓真而強的智慧生存，讓假而弱的智慧滅亡。


# 馭水之智

古希臘第一個哲學家泰勒斯提出水是萬物的本原。這個觀點今天看來顯然是不對了。

但人類一開始就與水結下了不解之緣，這倒是非常合乎歷史的。人類對水的依存是一番艱難的依存，這是大自然對人類智慧的挑戰。如果人類的智慧不足以把水害變為水利，那麼人類的今天就難以想像了。

中國古代夏禹治水，三過家門而不入的事蹟膾炙人口，其主要是在歌頌禹的高尚道德。當然，早在公元前二十世紀的治水，無疑包含著人類征服大自然的智慧力量。

如果說大禹治水的智慧，今人難以尋覓遺跡而加以考察，那麼與古希臘後期相近的先秦時期，由蜀郡守李冰組織開鑿修建的都江堰治水工程，則以它至今不衰的巨大作用而聞名世界。今日四川成都之有「天府之國」的美稱，便是由於都江堰集灌溉、防洪和航運諸種功能的結果。都江堰工程主要由分水魚嘴狀島嶼、飛沙堰江口和寶瓶口江口三項工程組成。魚嘴將岷江水一分為二，外江排洪排沙，內江用於灌溉。內江飛沙堰江口較大，寶瓶口江口較小，這樣引起水流速度的差異，把內

江的流沙通過快速的流水吸入飛沙堰江口返歸外江，保証寶瓶口無沙的流水通入灌溉的河道。由於三項工程布局合理，互相配合，體現了高度的科學性，因而工程千秋永固，造福百代。

人類馭水的智慧有用於善的，亦有用於惡的。古希臘時期亦有人類馭水之智，但卻是用於戰爭。

公元前六世紀，希臘軍隊為了反抗波斯軍隊的入侵，開到哈呂斯河邊，需要渡河。但河上既沒有橋也沒有船，附近一片荒涼，軍隊無計可施，處於困境之中。這時隨軍征戰的泰勒斯運用自己的知識，制定了一個導流的方法；即把軍隊帶到河邊一塊高低差較凸出的地形，讓軍隊在軍營後面挖一條弧形河道，將前面的河水引入這條低地形的河道，前面的河水立刻淺了許多，軍隊可以涉水而過。結果出奇不意地打擊了波斯人，取得了勝利。

這種方法後來被波斯國王居魯士採用了。當居魯士征服了希臘及歐洲，進一步向巴比倫出征的時候，來到了金德斯河畔。這條河水深流急，得用渡船才能過去。居魯士隨軍征戰中有一匹白色的聖馬，一向勇猛向前，面對河水，它魯莽地衝向河心，打算涉水而過。但是馬被水流捲走，淹死了。居魯士為此十分惱怒，下決心要征服這條河流。於是他停止對巴比倫的進攻，用繩子從金德斯河的兩岸向四面八方各量出一百八十道壕溝的線記，命令部隊在兩岸按線挖掘河道。由於軍隊人數眾多，花了一個夏天，挖了三百六十條分水河道，結果金德斯河真的被治服了，河水緩慢而淺顯，涉水過河，水不沒膝。

第二年春天，波斯軍隊與巴比倫交戰，打敗了巴比倫，巴比倫人退入城內。因為他們早就預計到居魯士會侵犯這裡，便準備了大量食物以退守城市，固守拒敵。這種長期拒敵準備使居魯士束手無策。最後居魯士又想到了利用河水的計策。

他看到一條叫幼發拉底的河流流進城內，便派了一部分軍隊留駐河流入城的上游，另一部分軍隊留駐河流出城的下游處。他命令部隊一旦發現河水淺了，可以涉水而過時，立即順著河道攻入城內。當他布置好戰鬥部隊以後，便帶著另一部分非戰鬥人員撤退下來，祕密地來到尼托克里司為幼發拉底河挖掘的人工湖那裡。由於人工湖已經乾枯，當居魯士的部隊打開幼發拉底河岸口，引向人工湖的時候，河水迅速向低窪的人工湖流去，流經城池的幼發拉底河水立刻淺下去了。當河水淺到齊膝深時，駐守在兩岸的軍隊馬上涉水進城。

由於巴比倫人沒有想到居魯士的這種手法，憑藉堅固的城市圍牆，覺得可以高枕無憂。因此，當波斯軍隊從河道涉水進去，突如其來地消滅了外圍守城部隊時，整個城中的居民還在盡情跳舞、尋歡作樂，完全沒有準備。

——巴比倫城就這樣被攻陷了。

在戰爭史上，人們還有利用破壞洩洪來水淹敵軍的事例。同是馭水之智，一種造福人類，另一種危害人類，這裡就引出了智慧中的道德和正義問題。

在古希臘的智者中，關於智慧和道德的關係是有許多爭論的。不過古希臘是奴隸社會，戰爭、奴隸、殘殺是整個社會運動中不可缺少的一部分，因此他們的爭論並不會脫離現實地去談人類的正義，而是局限於現實的關係，尋找抽象的正義。這種正義、道德論，因為在敵對關係的制約下無法成為普遍的法則，就只能從個人的精神原則中被提升為絕對的概念。因此，在古希臘，哲學家把道德提升為善的理念，而把智慧本身等同於美德，都是特定時代的產物，今天的人們聽起來似乎總有點費解。

當原子能科學家從鈾元素中發現原子能時，他們本意是要

解決人類的能源，造福人類。但他們的智慧被用於戰爭武器的製造，殺害無數的人。對這種智慧的兩重價值，曾經引起現代社會道德正義觀念的重大震盪。這種震盪與古希臘時期的爭議已經不同了，因為現代社會已經有了普遍正義的標準，那就是維護世界和平的人生安全。現代人已經可以用這種現實的普遍標準來衡量、評判智慧與道德的關係，所以不必借助抽象的善之理念標準了。

這樣，古希臘時期智慧即美德的統一，在現代社會的評判中就產生了分化。智慧在這裡成了被主宰的工具，它既可以被用於道德，也可以被用於不道德。

那麼，不是要出現這樣一個問題了嗎：即主宰智慧的是什麼？是否也是一種智慧？

於是我們發現，智慧是分層次的，人類的智慧是由許多層次構成的，用於駕馭外物的科學智慧並不是一種上層高級的智慧，它雖能主宰物，本身卻也是被主宰的；這是類似工具性質的智慧。用於駕馭人的是一種權力智慧，這種智慧當然也可以駕馭工具性的智慧，有時彷彿顯得至高無上，但即使是最高的國王，這種權力智慧也只是駕馭別人而不能駕馭本人；因此它並不是真正至高無上的。

真正至上的智慧是駕馭自身的，這種智慧歷史上有無數大思想家潛心鑽研過。在古代中國，這是一種悟道、修身、養心的內省過程。在古希臘，我們便又要回到善的普遍本質上去了，因為從這個角度去理解善的一般本質，實際上就是掌握自己最高本質的智慧了。它所具有的智慧，從今天的分析來看，已上升到第三層次的高級形式了。

我們借馭水智慧中正義的矛盾關係剖析出智慧的三個層次，或許對今天人們審視和選擇智慧的價值會有一番啟示。

# 「騙人」的狡智

　　以愛智慧而聞名的古希臘人對狡智有一種特殊的偏愛，這可能與他們戰事頻繁、商業繁榮、訴訟盛行有關，因為要想在這些領域中施展身手，沒有狡智是難有作為的，因此身為諸神信使的赫爾墨斯和大名鼎鼎的英雄奧德修就是以具有過人的狡智出名的。當然，在現實生活中，情況更是如此。

　　關於赫爾墨斯的狡智，希臘神話有這樣一個故事——

　　邁亞在黎明時分生下了赫爾墨斯。他是個才智過人的智多星。當他在一個洞穴裡遊玩時，發現了一隻烏龜。他拾起烏龜，把它砸死，在龜殼上裝上簧片和琴弦，於是一邊彈奏，一邊唱起了悅耳動聽的歌曲。當天夜裡，赫爾墨斯又偷了異母兄弟阿波羅的牛群。他用樹枝包紮牛蹄，並趕著牛群倒著走進一個洞穴。然後他用月桂樹枝生起一堆火，焚化兩頭小母牛作為獻給十二天神（包括他自己）的祭品。赫爾墨斯幹了這一切以後便悄悄回家睡覺，儼然是個純潔無邪的新生兒。他的母親警告他，阿波羅知道後會懲罰他的。這位機靈的嬰兒回答道：「我還有更巧妙的手法呢！」阿波羅費了好大的勁才查出是這個還在繈褓中的嬰兒搗的鬼，於是對他指責了一通。但赫爾墨斯卻發誓說他從未偷過什麼牛，而且他至今還不知牛長得何等模樣，連「牛」這個名稱還是剛剛知道的。阿波羅聽了他一番假裝糊塗的狡辯，也奈何不得，只得抱著赫爾墨斯上父王那兒去評理。在宙斯面前，阿波羅狠狠數落了赫爾墨斯一通。說他怎麼也不會想到這個小不點兒會如此聰穎早熟，神不知鬼不覺地幹下偷盜之事，卻又故作無辜。赫爾墨斯卻振振有詞地辯解道，他是個誠實的孩子，他的兄弟阿波羅才是個懦夫兼孬種，只會欺侮手無寸鐵、睡在繈褓中的小嬰兒。赫爾墨斯一邊辯解

著、一邊擠著眼睛。宙斯見了不由哈哈大笑。於是，父王充當和事佬，做了調解：赫爾墨斯把新製作的里拉琴送給阿波羅，阿波羅回贈給這位神童一條金鞭子，並任命他為牧羊人。

關於雅典的立法者梭倫，也流傳著一則他利用狡智達到其目的故事。

據普魯塔克的《梭倫傳》記載：當雅典人對他們與麥伽拉人為爭奪薩拉米島而進行的戰爭已感到厭倦時，制定了一條法律，規定任何人不得在將來以書面或口頭的形式，提議本邦去爭奪薩拉米，違者將被處死。梭倫自然不能忍受這種不光彩的作法。他看到許多青年人都紛紛要求發動戰爭，想應和他們的要求，但是由於上述法律的存在，他不敢貿然採取戰爭步驟，於是他就佯裝已神志迷糊，並派人向全城傳出消息，說他瘋了。他還私下編了一首輓歌，詠讀成誦。然後他瘋瘋癲癲地走到市場上。當大家都聚攏過來以後，他跳上傳令石，搖頭晃腦地念叨著他的輓歌《薩拉米》。這首輓歌的主要內容是責備雅典人放棄薩拉米，勉勵他們應該去為收復它而戰。當梭倫念完這首輓歌後，他的朋友紛紛稱讚他，尤其是庇西斯特拉圖，他鼓動公民們聽從梭倫的話。於是他們把那條法律廢除了，重新開始爭奪薩拉米的戰爭，並推舉梭倫為指揮。不久他們就拿下了這個島。

# 吞錢的手腕

賺錢是需要動腦筋的。

商人的機靈與圓滑，儘管從不同的文化觀看去有褒有貶，但它作為一種競爭手段，不能不說是一種智慧。

在古希臘的雅典，由於土地貧瘠，農業不發達，而城邦臨海，便於貿易，因此工商、手工業和金融業的發展比較突出。只是歷史記載了這種發達的事實而很少描述其中經商的智慧和手段。這是與古希臘的文化背景有關的。

因為古希臘的思想家面對當時充滿悲壯和神聖的時代，主要在於發掘那種深刻而具偉大意義的智慧，針對政治、戰爭這類莊嚴的事業和哲學與藝術這類涉及人類本性的深刻內容，不斷去開發、總結智慧的果實；而對維持日常生計的經濟活動倒反而熟視無睹，不去思考了。

不過，在一則法律記載的史實中，我們可以發現古希臘商人圖錢的手法也充滿機智。這種機智就是一種利用輿論的掩蓋作用和利用法律環節的漏洞，巧妙地施展手腕。而這正是後來資產階級早期競爭、積累資本的普遍手法。它不是一種閃光的智慧，卻是一種實用的智慧；它不把人引向崇高，而把人帶進世俗。

了解一些世俗的智慧，對生活有時也非常必要。

在古希臘，一個奴隸若能經歷解放、非全權公民到全權公民，並成為一個富有的全權公民，這是少有的光榮。它既不是靠辛勤的勞動、也不是靠崇高的智慧，而是靠世俗的、善於利用法律為己所用的圓滑的智慧。

帕西翁就是這樣一個人。他最初只是兌換金錢小店主人的奴隸。店主被稱為金融商，業務是把一國的金錢兌換為另一國的金錢，借錢給需要錢的人，代管貴重的東西和金錢。能幹而又圓滑的帕西翁深得主人寵愛，為了更好的使用他的才能，主人解放了他。然而，帕西翁暗中積累了一筆資財以後就反而拋開了主人，自己開起金錢兌換處，成了兌換處的老板。以後又開起了製作戰鬥用的盾牌作坊，自己也用起奴隸，經營著廣泛

的業務，在希臘許多城邦中都有他的經濟力量。當他利用這些實力不斷幫助國家要員和軍事將領後，變成了「有功於國家」的人，於是取得雅典的正式公民權。沒有人去記載他是怎樣施展自己的手段和機智獲得這種成功。但在後來發生的一件訴訟案中，人們可以看到他的這種手腕了。

在與雅典友好的博斯普魯斯王國中，有一位重要的大臣索貝，因為兒子要到雅典遊歷，就給了他許多錢，用兩條船裝著穀物，準備到亞狄加售賣。抵達雅典之後，貴族青年要將自己的一部分錢——六個塔蘭同寄存在一個可靠的人那裡。塔蘭同是古希臘以一定重量單位（廿六·二公斤）命定的貨幣名稱，有一斤金子的價值之稱。六個塔蘭同是一筆很可觀的數字。有人把帕西翁介紹給他，他很快與帕西翁交上了朋友，把錢存入帕西翁的金店。按照金融商的慣例，帕西翁沒有給他簽付存款的字據，只有帕西翁的奴隸吉特知道這筆錢。但是這個年輕人一點都不懷疑帕西翁的誠實，在雅典過著愉快的生活。

事情突然起了變化，從遙遠的祖國傳來了悲傷的消息：索貝的敵人向國王告密，說他陰謀反對國王，並且打發他兒子到希臘去與國王的敵人取得祕密的聯繫。國王相信了誣蔑者的話，下令監禁索貝，派遣使者到雅典去，委託他們沒收他兒子的一切財產，並且要求雅典政府引渡他的兒子。

驚恐萬狀的青年跑到帕西翁那裡徵求忠告。兩人商量決定，青年人最好逃到拜占庭；對於放在帕西翁那裡的款項，也決定不聲張。帕西翁為了更加徹底地消滅痕跡，就開始使每一個人都相信，這個青年已經負債累累了。

當帕西翁把這一切假象偽造好以後，自己的內心也發生了變化：他覺得自己現在完全可以安全平靜地吞沒這一大筆落難的錢了。當博斯普魯斯人派人去提取這筆存款的時候，帕西翁

開始賴帳了。

　　但是帕西翁這次的主意打錯了，因為不久索貝就被証明是無罪的，國王為了補償他所受到的損失，還選了索貝的女兒作為王子的未婚妻。這樣一來，索貝的兒子一定要為這一大筆錢來跟他打官司了，因為他們在雅典享有外僑特別招待權，可以直接在雅典打官司。

　　帕西翁一看事情不妙，就開始採取對策。他想到雖然所有証據和假造的輿論都對自己有利，但還有一個証據：就是奴隸吉特了解事情的真相，錢曾經過他的手，如果受騙的年輕人採用拷問奴隸口供的辦法，那麼對自己就極為不利了。如果不交出奴隸，那麼法庭就會認為主人是害怕暴露真相，也會定他的罪。因此，他就開始在奴隸吉特的身上玩弄花樣了。

　　脫離險境的索貝之子果然立刻趕到雅典帕西翁那裡，要求拷問吉特。可是金融商帕西翁對他生氣地叫喊和威脅道：你怎麼還來找那個早就跑得不知去向的奴隸！

　　青年信以為真，無可奈何，準備到伯羅奔尼撒等地去找這個奴隸。不想有一天突然在雅典看到了吉特。青年又去找帕西翁，要求拷問吉特。孰料帕西翁又拿出第二個圈套，他宣稱：吉特是不能拷問的，因為他不是奴隸，他生來就是自由民，人們稱他奴隸是非法的。這一套一套的變化，竟然被他弄得像真的一樣。年輕人沒了主張，只能請國王幫助。國王寫了一封信到雅典，請求為他們國家王子的妻弟主持公道，不要使他受到欺負。

　　但是原告面對狡猾的帕西翁，拿不出証據，而帕西翁又善於鑽空子，事先早已做了許多準備。法官們無法弄清事實的真相，只能憑良心來判斷，通過投票來決定。每個人拿黑白兩塊石子，如果認定有罪，投黑石子，如果認定無罪，投白石子。

投票的結果，白石子比黑石子多，帕西翁無罪，獲得了勝訴。

欺騙戰勝了誠實，狡猾贏得了成功。這是人類歷史的一部分，歷史不只是由正面史組成，還有反面史。反面史的陪襯是正面史得以閃光的原因。因為人類總是向著誠實、機智、合理化的方向發展，由於欺騙、狡猾的現象阻撓著這種方向，人類就要發展智慧去戰勝欺騙和狡猾，合理的社會秩序就這樣從中建立起來。

# 結束語 PREFACE

本書到此結束了，它算是我們與古人的一次小小的對話。

有人曾經風趣地說道：「與古人對話，猶如冊開死者的嘴巴，掏出其口中所含的金珠。」不過，由於我們的愚拙，也許會錯把齲齒當成金珠，或者反給金珠蒙上灰塵，那就罪在作者了。

與古人相比，今人並不顯得高明多少。在現代社會中，知識的不斷分化使我們看到的過去只是朦朦朧朧感覺到的東西，或者未曾看到的東西，但也遮蔽了本應該看到或者能夠看到的東西。因為當我們專注於一點時（學科的本性要求我們「攻其一點，不及其餘」），我們會忽略周圍其餘的東西。這就猶如「瞎子摸象」。學科的發展使我們「摸清」了象尾、象腿，或象的某個部分，但整隻「象」卻在我們的視野中消失了。

做其他事又何嘗不是如此呢？當我們沈浸於寫作之中，會感受不到周圍的許多東西，而當我們脫稿後，似乎才又回到了色彩斑斕的日常生活中，又感覺到陽光的明麗、春風的恬適，就像波德萊爾的詩句所描繪的那樣：「彷彿遠遠傳來一些悠長的回音……芳香、色彩、音響，全在互相感應。」

因而，與知識還未分化，「象」在他們那兒還是一隻「全象」的古人對話，就不是一樁無意義的事情了，它能使我們更清楚地看清整隻大象，而不是象尾、象腿。或許宇宙萬物這個「全象」是永遠不可得的，那麼不斷地去追問、去探求，就是我們不可擺脫的「宿命」，也是古人留給我們的寶貴遺產。

國家圖書館出版品預行編目資料

古希臘的智慧／劉潼福、鄭樂平／著 -- 初版 --
新北市：新視野 New Vision，2020. 04
　　面；　公分--
　　ISBN 978-986-98808-1-7（平裝）
　　1. 古希臘　2. 文化

749.53　　　　　　　　　　　　　　109001914

## 古希臘的智慧

劉潼福、鄭樂平／著

主　　編　顧曉鳴
企　　劃　林郁工作室
出　　版　新視野 New Vision
責　　編　林郁、周向潮
　　　　　電話：（02）8666-5711
　　　　　傳真：（02）8666-5833
　　　　　E-mail：service@xcsbook.com.tw

印前作業　菩薩蠻數位文化有限公司
印刷作業　福霖印刷有限公司

總 經 銷　聯合發行股份有限公司
　　　　　新北市新店區寶橋路 235 巷 6 弄 6 號 2F
　　　　　電話 02-2917-8022
　　　　　傳真 02-2915-6275

初版一刷　2020 年 05 月